差がつく 練習法

野球 試合で活きる 守備・走塁ドリル

著 西 正文 永和商事ウイングコーチ

INTRODUCTION
はじめに

　本書は高校の硬式野球部を主な対象として守備、走塁の基本、それを踏まえた練習法を紹介したものです。

　成長期を経て肉体的にも、精神的にもバランスのとれる、高校生年代は選手としての完成度を上げる時期にあたります。すべての練習には目的やねらいがあります。この練習をすることで何が強化されるのか？　ここを鍛えるためにはどんなトレーニングをすればいいのか？　指導者から与えられたメニューを漫然とこなすのではなく、目的意識を持って、自発的に練習に取り組むことが、ワンランク上のプレーにつながっていきます。

　守備、走塁はとりわけ基本が大事であると言われます。しかしさらなるレベルアップを図るためには、今までの

野球観や基本を見直すことも必要です。本書ではバックトスやランニングスローなど、これまでは基本外であるとされてきたプレーの練習法も紹介していますが、高校生だからしてはいけないプレーなどありません。むしろ選手としての完成度を上げる時期だからこそ、より高い技術を身につける必要があるのです。基本を疎かにせず、しかし基本に縛られず、さまざまなプレーにチャレンジすることを心がけましょう。

練習で失敗するのは何の問題もありません。大いに失敗してください。問題なのは試合で躊躇してしまうことです。不思議なようですが自信がないうちは次から次へと打球が飛んでくるのですが、うまくなると飛んでこなくなります。効果的な練習を繰り返し、もっと自分のところへ打球が飛んで来い！　と、迷いなく一歩前へ踏み出すことができたら、レベルアップした証拠です。

高校で野球をプレーできるのは3年足らずです。自分の能力を最大限に発揮できるように練習に励んでください。

永和商事ウイングコーチ
西 正文

CONTENTS
目次

第２章　内野手全般の守備練習

第３章　内野ポジション別練習

●一塁手

●二塁手

●遊撃手

第６章　走塁練習

本書の使い方

本書では、写真や図、アイコンなどを用いて、一つひとつのメニューを具体的に、よりわかりやすく説明しています。写真や“やり方”を見るだけでもすぐに練習を始められますが、この練習はなぜ必要なのか？　どこに注意すればいいのかを理解して取り組むことで、より効果的なトレーニングにすることができます。普段の練習に取り入れて、上達に役立ててみてください。

▶ 身につく技能が一目瞭然

練習の難易度やかける時間、あるいはそこから得られる能力が一目でわかります。自分に適したメニューを見つけて練習に取り組んでみましょう。

▶ なぜこの練習が必要か？ 練習のポイントと注意点

ミスをしやすい点と練習の意味を解説しています。ポイントを意識して取り組むと、より効率良く上達することができます。

▶ 練習メニューのアレンジ方法

掲載した練習法の形を変えたやり方の紹介です。

そのほかのアイコンの見方

Extra　練習にまつわるエピソードやどんな場面で行うと効果的かを紹介します

Level UP!　より高いレベルの能力を身につけるためのポイントや練習法です

第１章

守備の基本を覚える

まずは守備の基本をしっかり覚えることからスタート。
構え、キャッチボール、ボールへの入り方など、
基本をマスターしましょう。

テーマ

内野手の構え

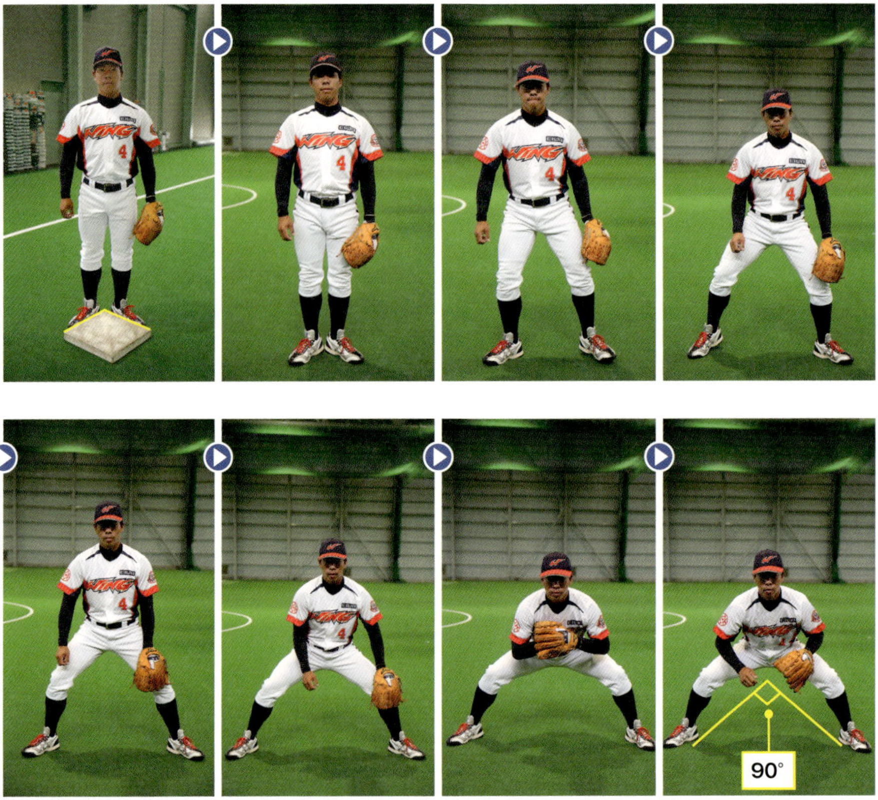

ポイント

ベースを使って足の角度をつくる

構えの基本は90°。足の正しい角度をつくるためにはベースを利用しよう

ワンポイントアドバイス

90°が自分の守備範囲

内野手が打球を待つときの基本姿勢。両手は脱力しヒザの位置、グラブは開く。両足のカカトの延長線が90°で交わるように、足はハの字に。つま先の先の広さが自分で打球を処理する範囲になる。両足の間隔は、狭すぎても、広すぎても、動き出しづらい。肩幅よりもやや広めを目安に、スタートを切りやすい幅をみつけよう。

テーマ
外野手の構え

●通常の構え

ポイント

基本は中腰程度

外野手は広い外野を３人で守るため前後左右に走らなければならない。またフライに対応する必要があるので、通常の構えは中腰程度

●前方にプレスをかけるときの構え

ポイント

バックホームが必要なときは低く構える

ランナーがいてバックホームが必要な場面など、前方のグラウンダー（ゴロ）に対応するときは、腰を落として低い姿勢をとる。軸足（利き手側の足）を前に出して半身で構えておくと、一歩目のスタートが切りやすい

テーマ

捕球姿勢（正面）

ポイント

腰を落として低い姿勢をつくる

正面への打球は、バウンドに合わせて、ボールの落ち際かショートバウンドでグラブに収める。ヒザを曲げることで腰が落ち目線が低くなる。頭や尻を落として、前傾しすぎないように注意。極力、背中が丸まらないよう心がける

ワンポイントアドバイス

足の角度は 90°

構えのときと同様に、両足のカカトの延長線が90°で交わるように、足をハの字に開いて捕球する。足の角度を確認したいときは後ろにベースを置いて、チームメイトにチェックしてもらうのもいい。

テーマ

捕球姿勢（フォア・バック）

●フォア

しっかり踏み込んでボール方向にヘソが向いている

踏み込みが浅く腰が浮いてしまっている

●バック

捕ったあとに送球ができるように安定した姿勢で捕球する

腰高で手だけで捕球にいっている

ワンポイントアドバイス

踏み込んで低い姿勢をとる

フォア、バックともにしっかりと深く踏み込んで腰を落とし、低い姿勢をとる。手だけで捕球しにいくと、姿勢が高く、踏み込みも小さく、ボールを弾きやすくなるのでグラブを出す角度にも注意。

Level UP!

バック、フォアも躊躇せず使おう

守備で大事なのはアウトをとること。「正面で捕れ！」という指導をよく見かけるが、必ずしもそれは正解ではない。正面での捕球にこだわり、左右の打球を回り込んで捕球し、セーフにしてしまっては意味がない。捕球姿勢は正面だけでなくバック、フォアも基本のうち。場面に応じた捕球姿勢を使い分けるようにしよう。

テーマ

グラブの使い方

Extra

親指タイプと人さし指タイプとは?

グラブの使い方には2つのタイプがある。両腕を伸ばしたときに、両ヒジがつかない人は、「親指タイプ」。構えのときに手の甲が外側を向き、捕球時に親指に力が入る。両腕を伸ばしたときに、ヒジがつく「サル手」の人は「人さし指タイプ」。構えのときに手の甲が前を向き、捕球時に人さし指に力が入る。自分はどちらなのか確認してみよう。

ポイント

ポケットが開きにくい

このタイプはグラブのポケットが開かず、土手寄りで親指に力を入れて捕球することになる。グラブから手にボールを移しかえがちなので、しっかり握るように(P38参照)。捕球時に目切りが早くなることもあるので注意

ポイント

ポケットで捕球できる

このタイプはグラブが開くので、ボールを人さし指と親指ではさむようにしてポケットで捕球する。ポケットでつかんだボールを利き手でしっかりと握って送球できる

Extra

グラブで良い音を出そう

キャッチボールの前や守備位置についたときに、利き手でグラブを叩くことはないだろうか？

習慣的になんとなくやってしまうという人がほとんどかもしれないが、これにも意味はある。

まず良い音を出すこと。良い音を出すには、必然的にグラブの捕球位置を叩くことになり、捕球位置の確認になる。もうひとつはリズムづくり。二回、三回と何度もグラブを叩くことで、リズム良く捕球動作に入っていくことができる。こうした動きも無意識ではなく、守備に役立てる意識でやることでよりレベルアップできる。

テーマ

キャッチボールの重要性

ポイント キャッチボールはチームプレーの土台

野球はチームスポーツであり、1対1で行うキャッチボールはチームプレーの土台になる。投げる側は相手の捕りやすいボールを、捕る側は相手が投げやすいように構えるなど、互いがパートナーの立場に立って行うことで、チームプレーが育まれる

キャッチボールの目的

練習前、試合前には体操やランニングとともに、必ずキャッチボールを行うが、これは単にウォーミングアップのためではない。以下、キャッチボールの目的を列記する。

1 自分のコンディションを把握する

足さばき、身のこなし、視線の確保、重心の移動などを意識的に行い、その日のコンディションを把握する。

2 用具のコンディションを確認する

グラブの調子、ボールの感触、握りかえなど道具のコンディションを確認する。

3 グラウンドコンディションを頭に入れる

キャッチボールを行いながら、天候、風向き、バウンドの状態など、その日のグラウンドコンディションを頭に入れる。

ポイント
つま先とくるぶしの向きを意識する

踏み出す足のつま先、軸足のくるぶしが投げる相手の方向を向くようにする

ポイント
リリースポイントで一歩前へ

棒立ちにならず、つま先に重心を乗せて構える。相手のリリースポイントを見て素早く反応することで、フットワークが身につく

悪い受け方

キャッチボールはボールを通したコミュニケーション。どう構えれば、相手が投げやすいのかを考えてボールを待つようにしよう

守備の基本練習①

難易度	★★★★★
回　数	キャッチボール前に 5～10球

ねらい

指先にボールをかけて リリースポイントを知る

Menu 001 ワンバウンド投げ

得られる効果
- 全般的テクニック
- 専門的テクニック
- グラブワーク
- ステップワーク
- スローイング
- フィジカル
- チームワーク

▼ やり方

2人一組になり、10ｍ程度の間隔をあける。投球者は、捕球者に向けてバウンドさせたボールを投げる

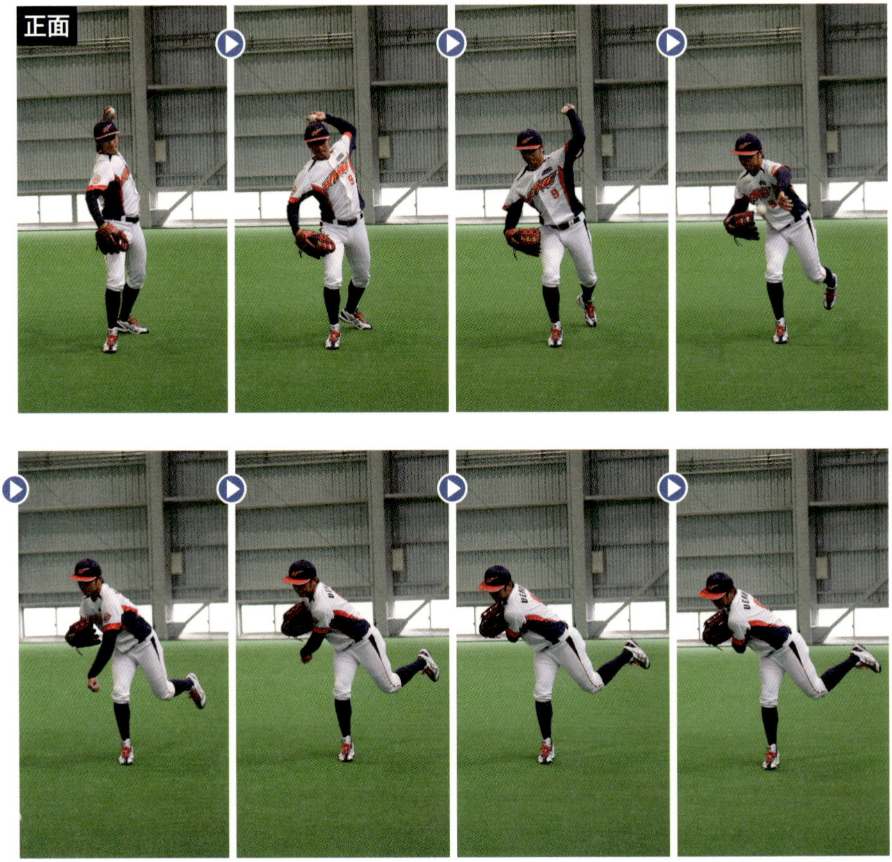

ポイント フォローを決める

真上から投げ下ろし、腕を振り切る。リリースしたら、しっかりとフォローを決めよう。体重移動からの（リリースポイント）フォローで良い投げ方になる

なぜ必要？

自分のリリースポイントを知る

ボールをバウンドさせることで、腕を最後まで振り切ることができ、リリースポイントを確認できる。

ワンポイントアドバイス

ボールが指にかからないとバウンドが左右にそれる

うまくリリースできないと、ボールは真っすぐバウンドせず、左右にそれてしまう。リリースできないのは、ボールが指にかかっていないため。しっかりボールを握って投げるようにしよう。

ポイント

前方2～3mでバウンドさせる

正しくリリースできれば、前方２～３ｍでボールはバウンドし、真っすぐ回転の良いボールが捕球者に向けて弾んでいく

難易度	★★★★★
時　間	20分 / 2時間

ねらい

正しくキャッチボールする

得られる効果
- ▶ 全般的テクニック
- ▶ 専門的テクニック
- ▶ グラブワーク
- ▶ ステップワーク
- ▶ スローイング
- ▶ フィジカル
- ▶ チームワーク

Menu 002 キャッチボール

▼ やり方

2人一組になり、10 mから少しずつ距離を伸ばし、塁間まで広げる

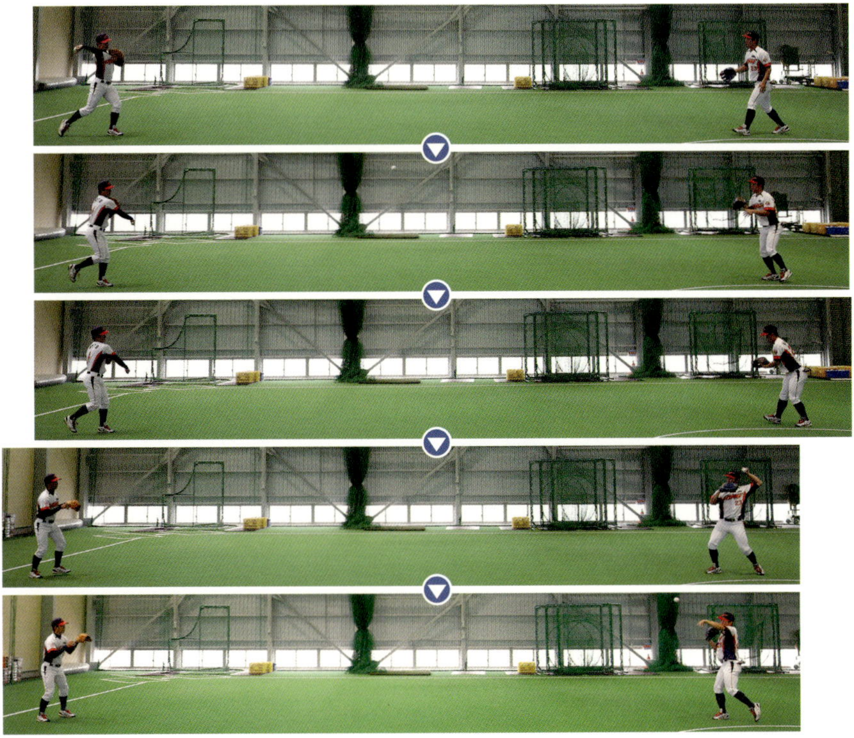

ポイント

緊張感を持って行う

キャッチボール中はお互いが同じ動作、姿勢を保つこと。常にボールを追いかけているという緊張感を持って行おう

Extra

パートナーは固定しない

キャッチボールのパートナーは固定されがちだが、バッテリー、二遊間、中継プレーのコンビなど、目的別で組み合わせを変えて行うとより効果的。

なぜ必要？

キャッチボールは野球の基本

キャッチボールは野手の「捕る」と「投げる」という守備のもっとも基本的な動作を繰り返す。正しいフォームと正確なコントロールは正しいキャッチボールから生まれ、守備の上達に。

ここに注意！

すべての動作を意識的に行う

「捕る」「投げる」という動作を繰り返しているだけでは意味がない。体のキレ、目線の角度、グラブの感覚、ボールのかかりなどを確認しながら、相手が捕りやすいボールを投げるようにを心がける。捕るときも棒立ちでボールを待つのでなく、いつボールがきても対応できるようつま先に体重をかけ、相手の投球動作に合わせてフットワークを使い捕球する。

ワンポイントアドバイス

足は 90°から広げていく

キャッチボールに限らず、下半身の動きがあって、上半身もついてくる。足さばきの基本をキャッチボールで身につけよう。投球時、捕球時ともにまずベースの角度で足の形をつくり、両足のカカトの延長線が 90°になるように足を広げていくと、もっともフットワークがきく体勢になる。

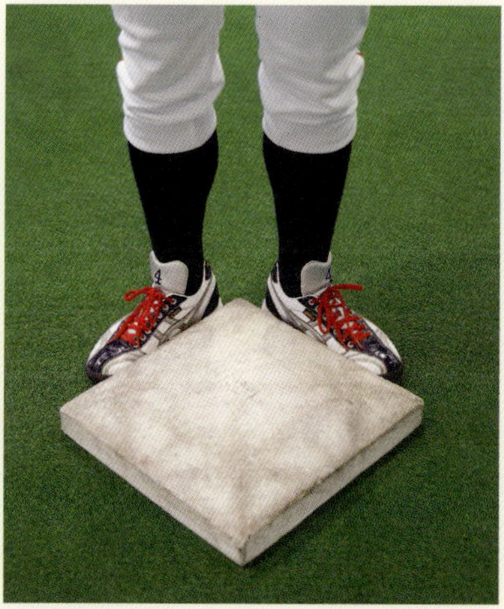

守備の基本練習③

ねらい

強いボールを正確に投げる

難易度	★★★★☆
時間	1~3分

得られる効果

- ▶ 全般的テクニック
- ▶ 専門的テクニック
- ▶ グラブワーク
- ▶ ステップワーク
- ▶ スローイング
- ▶ フィジカル
- ▶ チームワーク

Menu 003 ファイトボール

ベース前の配球役を中心に、5人が扇形に広がる

なぜ必要?

異なる距離の相手に強いボールを投げ返す

扇形に広がった、それぞれ距離の異なる相手に、正確に素早く強いボールを投げる。5人からの返球を絶えず受けることで、捕球時のフットワークの使い方を身につけ、持久力も養う。

ここに注意!

» 正確に素早く強いボールを投げ返すように意識する

»ボールを投げたら、つま先立ち、足を90°に開き、捕球体勢をつくる

» 下半身の動きを止めず、絶えずフットワークを使う

▼やり方

５人の捕球役は「ここに投げろ！」と大きな声でけしかけ、配球役はいずれか１人にボールを投げる。捕球役は捕球後、素早く返球し、これを繰り返す。配球役と捕球役がキャッチボールでファイトするため、「ファイトボール」と呼んでいる

Arrange

笛の合図で目標、距離を変える

笛の合図で30秒ごとに、ボールを投げる目標位置を、胸から顔に変えたり、距離を延ばしたり、縮めたりするとバリエーションが広がる。

ねらい

素早い足さばきとボールの握りかえをマスターする

Menu 004 十字キャッチボール

難易度	★★★★☆
時　間	1～2分

得られる効果

- 全般的テクニック
- 専門的テクニック
- グラブワーク
- ステップワーク
- スローイング
- フィジカル
- チームワーク

配置図

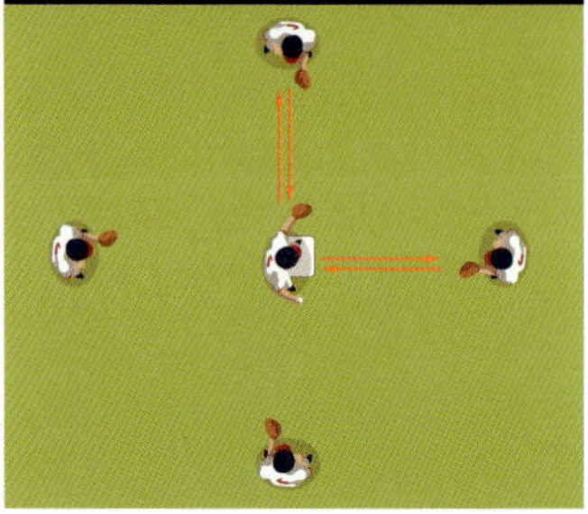

ベースを置き、配球役は中央に。捕球役の4人をベースの面の延長線上に配置する。間隔は20m程度

なぜ必要?

ゲッツーの基本になる動き

捕球後にステップし、90°向きを変えて送球するプレーは、ゲッツーなどの場面で多用される。下半身の素早い足さばきと、捕球後のボールの握りかえは、すべての野手が身につけておくべき基本動作であり、繰り返し行うことでフィジカルを強化するトレーニングにもなる。

ここに注意!

≫捕球したら、フットワークを使い90°ステップし向きを変える

≫ステップと同時に、捕球したボールをしっかりと投げる手で握りかえる

≫相手の正面(または指示する所)に向けて、強いボールを正確に投げる

▼ やり方

配球役が捕球役のいずれか 1 人に送球し、捕球役が配球役に返球する。これを円を描くように2周する

ポイント

グラブは動かさず しっかり踏み込む

グラブを動かさないことが、素早い握りかえのコツ。ステップしたら送球相手のほうにしっかり踏み込んで投げる

Arrange

回り方や切り返しに変化を

時計回りに加え、反時計回り、180°ステップなどを取り入れるとバリエーションが増え、さらなるフィジカル強化にもつながる。

守備の基本練習⑤

ねらい

自分の投げたいところにステップワークする

Menu 005 3-1-3のキャッチボール

難易度	★★★★★
時　間	1人1分（週1回）

得られる効果
- 全般的テクニック
- 専門的テクニック
- グラブワーク
- ステップワーク
- スローイング
- フィジカル
- チームワーク

なぜ必要？

ステップワークは手堅い守備への第一歩

下半身のステップワークができてはじめて、上半身での送球、コントロールも安定する。自分の投げたいところにステップワークすることは、手堅い守備への第一歩となる。送球ミスはゲームの致命傷になることを知っておくことが重要である。「たかが送球」「されど送球」である。送球のコントロールは正確に。コントロールのよしあしで“性格”が出る。自分を見直すきっかけに！

配置図

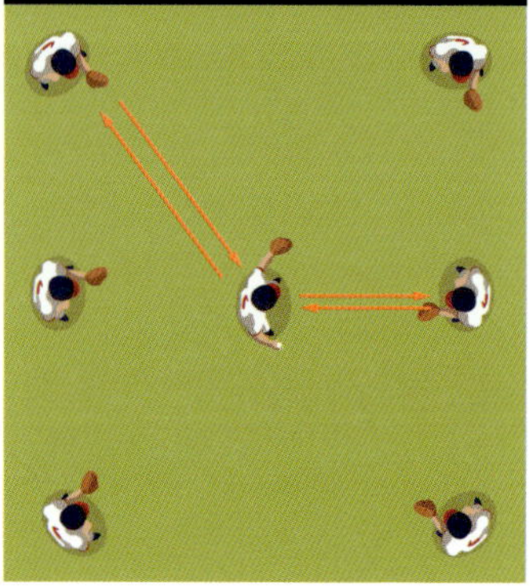

配球役を中央に、20m程度の間隔をあけて左右に3人ずつ捕球役を配置する

▼ やり方

配球役が真ん中に１人入り、それを挟む形で前後に捕球役を３人配置。配球役は自分の好きな相手に送球する。捕球役はそのボールを捕り、配球役に返球する。これを１分間続ける

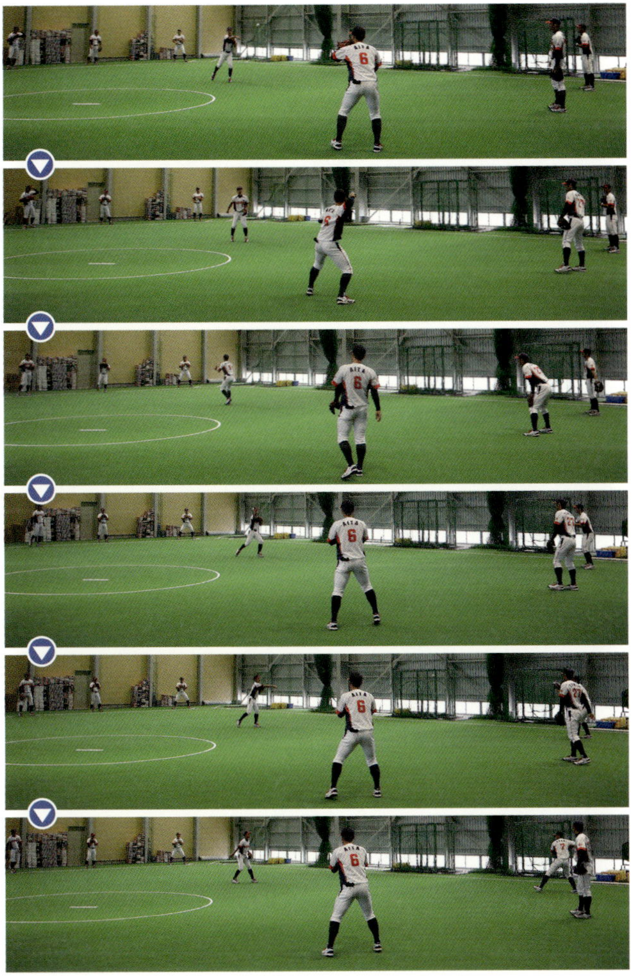

ポイント①

捕球役も集中する

捕球役はいつボールがくるかわからないので棒立ちにならず集中する。つま先立ち、足を90°に開き、捕球体勢をつくるようにする

ポイント②

距離をしっかりとる

小手先でコントロールしないように、間隔は20m程度あける。外野手なら50m程度の距離で行っても良い

Level UP!

送球位置を目的ごとに変える

相手の捕りやすいところはどこか、一球ごとに考えながら投げるというのが基本になるやり方。顔、胸、タッグ（タッチ）位置など目標となる送球位置を決めるとレベルアップする。右側の捕球役へは顔、左側の捕球役へはタッグ位置など、左右で目標位置を変えるとさらに上級者向けになる。

守備の基本練習⑥

ねらい

スタートの感覚を身につける

難易度	★☆☆☆☆
回数	5～10回

得られる効果
- ▶ 全般的テクニック
- ▶ 専門的テクニック
- ▶ グラブワーク
- ▶ ステップワーク
- ▶ スローイング
- ▶ フィジカル
- ▶ チームワーク

Menu 006 スタート練習（正面）

▼ やり方

1. ４人一組になり、それぞれ５～10ｍ先にボールを置く
2. 構え姿勢から笛の合図でスタート
3. 両手でボールをつかみ上げ、胸の位置で止める。ランニングの意識にもつながる

なぜ必要？

グラウンダー捕球はスタートが大事

グラウンダーの捕球は一歩目で勝負が決まる。タイミングよくスタートを切り、少しでも速くボールにたどり着くようにしよう。

ワンポイントアドバイス

速く走るには、低い姿勢をつくる

実際の守備を意識し、構えの姿勢からスタート、握ったボールを胸の前に、投手セットポジションの格好で終わる。速く走るにはいかに姿勢を低くするかだが、ショートバウンドの落ち際を捕る意識でいると、必然的に低い姿勢がつくれる。

低い姿勢を保つ

構えの姿勢をつくったら、目線をボールに合わせて低い姿勢を保ちながら動く。ヒジから手首、指先はリラックスする

スタート時に頭を上げる

スタート後に頭を上げてしまうと、頭が上下するので、目線がブレてスピードも乗らない

Arrange

距離を延ばせばダッシュ以上の効果

ボールまでの距離は5mが最短。7m、10m、外野手なら20mくらいまで徐々に延ばしていこう。スタート時の向きを斜め、左右、後ろ向きと変えても良い。1番早く捕った選手が勝ち抜けていくなどゲームの要素を取り入れれば、漫然とダッシュトレーニングを繰り返すより、楽しく、フィジカル強化にも効果があるはずだ。

ねらい

横方向にスタートする感覚を身につける

難易度	★★☆☆☆
回数	5本

得られる効果
- ▶ 全般的テクニック
- ▶ 専門的テクニック
- ▶ グラブワーク
- ▶ ステップワーク
- ▶ スローイング
- ▶ フィジカル
- ▶ チームワーク

Menu 007 スタート練習（横）

▼ やり方

グラブをはめ３人一組で一列に並び、それぞれ５ｍ先にボールを置く。ボールに対して直角に、守備の構えから笛の合図でスタート。ボールを拾い上げたら胸の位置まで持ってくる。一番早かった人が勝ち

▲打球を処理するイメージでボールを捕球にいく

なぜ必要？

横方向の動きは内野手の必須

内野手の打球処理は正面よりも、横方向の動きのほうが多くなる。構えからスタート、低い姿勢をキープして打球に入るまでの感覚を身につけよう。

ワンポイントアドバイス

目線を一定にして目ブレを防ぐ

低い姿勢をとり目線を一定にして移動すると、目ブレを防げる。ボールを拾い上げるときは、前後、左右に姿勢を崩さずボールと正対するように。横方向への足さばきは、「横方向への足さばきを覚える」(P50) を参照。

ここに注意！

ボールの方向を向いて走る

とにかくボールを早く拾い上げることだけに集中し、スタート後、ボールの正面を向いて走ったり、姿勢が高くなったりしては練習のねらいに適わない。実戦でグラウンダーを処理する意識で行おう。

Arrange

方向は右左バランス良く

本項目では右方向へのスタートを紹介したが、当然、グラウンダーの処理には左方向もあるので、左右バランスよく行おう。斜め、後ろ方向へのスタートも加えるとバリエーションが広がる。

守備の基本練習⑧

ねらい

打球への入り方を身につける

Menu **008** 打球への入り方練習

難易度 ★★☆☆☆

回数 20本

得られる効果
- ▶ 全般的テクニック
- ▶ 専門的テクニック
- ▶ グラブワーク
- ▶ ステップワーク
- ▶ スローイング
- ▶ フィジカル
- ▶ チームワーク

? なぜ必要?

守備の一連の流れを確認する

守備は構え、スタート、捕球、送球と連続して行われる。一連の流れを確認することで、部分ごとの上達の度合いを確認し、シートノックなどのより実戦的な練習での強化、そして実戦へとつなげる。

× ここに注意!

≫ **構えからスタート、捕球、送球まで、各部分の練習を連動させていくことを意識する**

▼ やり方

10ｍ程度の距離から配球役がグラウンダーを転がす。捕球役は構えの姿勢から打球の正面に入り捕球、配球役に返球する

ポイント　やさしいボールでいい

打球処理の練習ではなく、打球への入り方の練習なので、配球役が難しいボールを転がす必要はない。やさしいボールを転がしてもらって、しっかりと打球への入り方を覚えよう

テーマ 打球の処理の一連の流れ

▶グラウンダーの打球処理

グラブを差し出すタイミングと、体に引き寄せる、送球するという一連の動きを頭に入れておこう。

ポイント① 素早く打球の正面に入る

ポイント② 腰を低く落として（ヒザの曲げ角度に注意）構え、打球に素早く反応する

ポイント③ 送球姿勢をとったときに、グラブ側のヒジ、利き手側のくるぶしが送球方向を向くようにする

ここに注意！

動作が流れない

構えから送球までは一連の流れで行う。よく見かけるのが、打球の正面まで走り、一度動作を止めてしゃがみこむ、捕球法。プレーが流れず、処理が遅くなるだけでなく、上体が上下動するので、目ブレしボールを弾きやすくなる。

テーマ

打球の見方、打球への入り方

▶送球方向によってボールの見方、打球への入り方は異なる

グラウンダーを処理するときに、ボールのどこを見て打球に入ると捕球しやすいかは、打球を処理したあとの、送球方向によって異なるので覚えておこう。

●左方向へ送球するとき（二塁、三塁、遊撃手の一塁送球など）

▶ボールの右側を見ながら、ややふくらんで打球に入る

ワンポイントアドバイス

前傾せずに、目線は低く

ボールを見るとき目線は低いほうが良いが、体を前傾させすぎてはいけない。前傾しすぎると頭が下がって目ブレにつながる。頭を下げるのではなく、ヒザを曲げて腰を落として上体を低くしよう。

●正面に送球するとき（バックホーム）

▶ボールの下側を見ながら、真っすぐに打球に入っていく

守備の基本練習⑨

ねらい

グラブから利き手にボールを握りかえる

Menu 009 ボールの握りかえ

難易度	★
時間	2分

得られる効果
- ▶ 全般的テクニック
- ▶ 専門的テクニック
- ▶ グラブワーク
- ▶ ステップワーク
- ▶ スローイング
- ▶ フィジカル
- ▶ チームワーク

▼やり方

ボールの入ったグラブと利き手を平行（同じ円周上）に構える。利き手でグラブの中のボールを握り、ワレをつくる

ポイント 親指は下向きに

ワレをつくったときに、親指が下を向いていれば、しっかりと握りかえができている。グラブ側とフリーハンドの指の使い方、開き方が同じ

? なぜ必要？

しっかり握りかえないと悪送球の原因になる

捕球から送球に移るとき、グラブに入ったボールを、利き手に握りかえる。このときにしっかりとボールを握れていないとコントロールが定まらず、悪送球の原因になる。

× ここに注意！

「握りかえ」と「移しかえ」は違う！

利き手でグラブの中のボールを握りにいくことで、しっかりとボールが指にかかった握りかえができる。グラブの中のボールを、利き手に移しかえるだけでは、しっかりとボールが握れないので注意する。

ワンポイントアドバイス

グラブと利き手は平行に

グラブと利き手を平行（同じ円周上）に構えないと、両手が交わらないので、グラブを利き手に持っていき、ボールを移しかえることになる。

Level UP!

握りかえドリル

利き手でボールを握り、軽くグラブに放り込む。ポケットの中のボールを利き手で握り、握りかえの感覚を養う。

ワンポイントアドバイス

ボールを移しかえない

グラブの中のボールを、利き手に転がすのは「移しかえ」。しっかりとボールが握れない。

補強トレーニング①

「股関節と体幹の強化」

▼ やり方

1. 1m くらいの間隔をあけて 8 ～ 10 人程度が列をつくり並ぶ
2. 先頭から順に名前を呼びながら、左右にジグザグにすり抜けていく
3. 最後の 1 人まできたら一番後ろにつき、次の人がスタート。これをローテーションしていく

得られる効果

上体を低く保ちながら、素早くステップワークすることで、股関節と体幹を強化する。上体が高いのは股関節が硬い証拠。待っている人の前を通過するときに名前を呼ぶことで、守備に欠かせない瞬間的な判断力と注意力も併せて養う。

ポイント

足を小刻みに動かして待つ

待っているときも、足を左右に小刻みに動かして、順番がきたらすぐにスタートを切れるようにする

第 2 章

内野手全般の守備練習

捕球、送球、足さばき、タッグプレー。
内野手に必要な技術、動きをマスターするための
練習法を紹介していきます。

捕球ドリル

ねらい

正しい捕球姿勢を身につける

難易度 ★★★★☆

時間 10本／1セット

得られる効果
- ▶ 全般的テクニック
- ▶ 専門的テクニック
- ▶ グラブワーク
- ▶ ステップワーク
- ▶ スローイング
- ▶ フィジカル
- ▶ チームワーク

Menu 010 グラウンダー捕球

Level UP!

フォア、バックも含めればグラブのハンドリングも身につく

転がすボールを正面だけでなくフォア、バックも含めると、それぞれヒジや手首の使い方などグラブのハンドリングも身につく。１対１でボールをやりとりするだけでなく、投げ手と、捕り手を固定しても良い。このやり方では、上手から投げるショートバウンドの捕球も練習できる。

なぜ必要？

捕球姿勢を意識して練習

ノックなど練習でのグラウンダー捕球は処理を優先し、姿勢の良し悪しは疎かになりがち。緩いボールを捕球することで、正しい捕球姿勢を意識し身につける。

ワンポイントアドバイス

正しい捕球姿勢とは？

- » 体を左右に傾けず、地面に平行に腰を落とし低い姿勢をとる
- » 頭を動かさず、ボールに対する目線を固定する
- » ボールを体と正対するように捕球する
- » 股関節、ヒザを柔らかく使いボールの勢いを吸収する

▼ やり方

1対1になり、2mくらいの距離をとって、互いに正しい捕球姿勢で向かい合う。一方が正面に向けて緩いグラウンダーを転がし、もう一方が捕球。グラブに収まったら胸まで引き上げて、ボールを握りかえ、相手に緩いグラウンダーを返す

ポイント

ボールの握りかえまでやる

この練習の一番のねらいは捕球姿勢を身につけることだが、捕球したあとの動作もしっかり行う。胸に引きつけて握りかえまでしっかりやろう

Extra

股関節の強化にもなる

腰を落とした正しい捕球姿勢をとり続けることで股関節やヒザの強化にもつながる。

捕球ドリル

ねらい

捕球のタイミングを身につける

Menu 011 足閉じキャッチ

難易度 ★★★★☆

回数 20本

得られる効果
- 全般的テクニック
- 専門的テクニック
- グラブワーク
- ステップワーク
- スローイング
- フィジカル
- チームワーク

なぜ必要？

腰を落とすタイミングをつかむ

捕球の際に、どのタイミングで腰を落とすのか、そのタイミングをつかむ。ヒザ、足首を使って姿勢を低くする感覚も養う。

ワンポイントアドバイス

「90°」をつくる

内野手の構えは、両カカトの延長線が 90°で交わるように足を開く（P10参照）。この練習では、両カカトをつけ、足を閉じて捕球するが、この形が基本になることを意識づけよう。両足先に広がる扇状の範囲が自分の守備範囲であることも覚えておこう。

▼やり方

2ｍくらいの距離をとり、構えている捕球役の正面に、グラウンダーを転がす。捕球役は捕球のタイミングで、両カカトをつけ、足を閉じた状態で腰を落として体の真ん中でボールを捕る。本数を決めてこれを繰り返す

Point!
両カカトで
90°をつくる

Point!
腰を落とす

ポイント

正面に投げる

捕球時に腰を落とすタイミングを計る練習なので、左右にボールを散らす必要はない。配球役は捕球役の正面に投げるコントロールが求められる

捕球ドリル

ねらい

打球の勢いを吸収する

難易度	★★★★☆
回数	1人10~30本

得られる効果
- 全般的テクニック
- ▶ 専門的テクニック
- ▶ グラブワーク
- ▶ ステップワーク
- スローイング
- ▶ フィジカル
- チームワーク

Menu 012 スリッパ捕球

用意するもの!

グラブをする手に、手袋をして裏返したスリッパをはめる。捕球面が平らなものならば何でも構わないので、板に手袋をつけて行っても良い

なぜ必要?

打球の勢いを吸収できないとボールを弾いてしまう

打球の勢いを上手に吸収できないと、ボールがグラブに衝突するようにして、弾かれてしまう。ポケットのない平らなスリッパを使って捕球することで、打球の勢いを吸収する感覚を養う。

ワンポイントアドバイス

打球の勢いはヒジで吸収する

両手でしっかりとボールを受け止め、ヒジをクッションにして、打球を体の正面に迎え入れるように捕球する。

▼ やり方

塁間程度の距離からノックまたはスローで、やや緩めのグラウンダーを転がし、裏返したスリッパの面で捕球する

ポイント グラブを打球に正対させる練習にもなる

捕球時に平らなスリッパの面を打球にしっかり向けることで、グラブの面を打球に正対させる感覚もつかもう。目切りは感覚だけでやると雑になるので注意

足さばき

ねらい

前方向への足さばきを覚える

難易度	★★★★☆
時　間	常に行う

得られる効果
- ▶ 全般的テクニック
- ▶ 専門的テクニック
- ▶ グラブワーク
- ▶ ステップワーク
- ▶ スローイング
- ▶ フィジカル
- ▶ チームワーク

Menu 013 動から動のスタート

▼ やり方

左右に体を小刻みに揺らし、投球と打者のタイミングを見計り、スイングの角度を見て打球の方向へスタートを切る。前への動き出しを覚える

Point!
小刻みに体を揺らし
タイミングを計る

ポイント

テニスのサーブを待つようにタイミングを計る

テニスのサーブを待つときのように、体を小刻みに動かしてタイミングを計る。スタートを切ったあとは顔、グラブの位置を動かさず、足さばきを使って前に出て行く

なぜ必要？

タイミングの良いスタートと目ブレしない足さばきを覚える

打球の方向へスタートを切るのは、ボールの軌道とバットの軌道が重なった瞬間。そのタイミングを見極める。併せて目ブレせずに、前進する足さばきを覚える。

ワンポイントアドバイス

フリーバッティングの守備をボール拾いで終わらせない

この練習は、特別に時間を設ける必要はなく、フリーバッティングで守備位置について各自が自主的に行う。守備についたときは常にボールから目を離さず、体の動きを止まったままにしないクセをつけておこう。

ここに注意！

上体から出て行かない

頭から突っ込むようにして前に出ると、視線が定まらず目ブレの原因になる。

足さばき

難易度	★★★☆☆
時　間	5往復

得られる効果
- 全般的テクニック
- ▶ 専門的テクニック
- ▶ グラブワーク
- ▶ ステップワーク
- ▶ スローイング
- フィジカル
- チームワーク

ねらい

横方向への足さばきを覚える

Menu 014 「忍者走り」からの捕球、送球

なぜ必要？

左右の打球を処理するための横方向への足さばき

内野手のグラウンダー処理は横方向への動きがほとんど。目ブレを防ぎ、素早く打球の正面に入るための足さばきを覚えよう。

ここに注意！

顔の位置、グラブの高さをキープ

低い姿勢でスタートを切ったら、ボールから目線を切らない。捕球するまで、顔の位置、グラブの高さをキープする。

▼やり方

1. 遊撃の定位置付近で構える
2. ノックまたはスローで二遊間へのグラウンダーを転がす
3. 「忍者走り」で打球の正面に入り捕球、一塁へ送球する

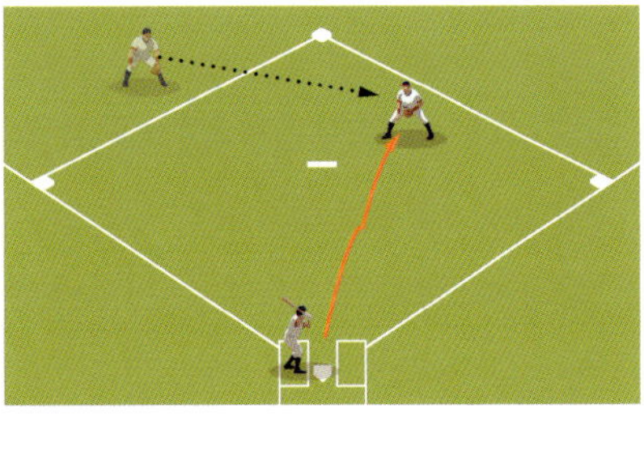

ワンポイントアドバイス

無呼吸で「忍者走り」

左右へのグラウンダーは、低い姿勢をとりボールを見ながら、忍者のような足さばきで横へ移動する。走りながら息をすると目ブレするため、スタートを切った瞬間から送球し終えるまで呼吸はしない。

Arrange

逆方向もやる

二塁の定位置付近でスタートし二遊間で打球を処理、一塁へ送球するアレンジもある。交互に繰り返し、往復すれば右左、両方向練習できる。

スローイングドリル

ねらい

上半身の使い方をつかみ正確にスローイングする

難易度	★★★☆☆
回　数	20 スロー

得られる効果
- ▶ 全般的テクニック
- ▶ 専門的テクニック
- ▶ グラブワーク
- ▶ ステップワーク
- ▶ スローイング
- ▶ フィジカル
- ▶ チームワーク

Menu 015 ヒザ立ちスローイング

▼ やり方

2人一組になり7m程度間隔をあけてヒザ立ちで向かい合い、キャッチボールをする

ポイント 肩、ヒジの回し方をつかむ

ヒザ立ちでのスローイングは腰の回転や、体重移動が行えないため、自然と上半身を大きく使い、体のしなりを利用して投げるようになる。スローイングするときの肩、ヒジの上げ方、回し方をつかみ、正確にコントロールするための上半身の使い方を身につけよう。ボールを握っている親指が目標に向かっているかを確認する

なぜ必要？

上半身の使い方を意識しコントロールの精度を高める

スローイングが安定しない原因は、上半身の使い方に原因がある場合が多い。下半身を使わないスローイングを行うことで、上半身の正しい使い方をつかむことができる。

捕球からスローイング
Point!
握りかえ
Point!
親指は下向きに
Point!
スナップをきかせる
Point!
リリースポイントを
意識する

ポイント

回したヒジは上がってくる

後ろへヒジを回すと、自然と上がってくる。この感覚を覚えておこう

Arrange

ほかの座り方でも OK

下半身を使わずにスローイングするのがこの練習の目的。正座やあぐらでも構わない。

スローイングドリル

ねらい

腰のターンを使ってスローイングする

Menu 016 スローイング練習

難易度 ★★★

回数 20スロー

得られる効果
- 全般的テクニック
- 専門的テクニック
- グラブワーク
- ステップワーク
- スローイング
- フィジカル
- チームワーク

▼やり方

2人一組になり、10～15m程度の間隔をあけて、ボールをやりとりする。スローイングはオーバースロー、足は動かさない

ポイント

足は動かさない

通常のキャッチボールは足を踏み込んで投げるが、この練習では足を動かさずに投げる。足を動かさないので腰をしっかり使わないと投げられない

なぜ必要？

腰の使い方を覚える

足を動かさずに投げることで、腰のターンを使ってスローイングする感覚をつかむ。

ここに注意！

ヒジの使い方に注意する

足を使えないので、正確にコントロールするにはヒジの使い方が重要になる。角度は 90° 以内。ヒジの位置が鈍角になっているときはパートナーが指摘する。

ポイント

腰を使えればヒジは上がる

利き手側の腰をしっかりターンしてスローイングすれば、ヒジは自然と上がってくる

Level UP!

同じ位置に投げ返す

同じ位置に繰り返し投げ返すことで、正確にコントロールできるヒジの角度が覚えられる。ただ投げ返すのではなく、同じ位置に投げ返すことを意識してやってみよう。

スローイングドリル

ねらい

送球に必要な軸をつくる

Menu 017 片足スローイング

難易度	★★★★☆
回数	20 スロー

得られる効果
- 全般的テクニック
- ▶ 専門的テクニック
- グラブワーク
- ステップワーク
- ▶ スローイング
- フィジカル
- チームワーク

▼ やり方

２人一組になり、10 ～ 15 m程度の間隔をあけてボールをやりとりする。軸足だけで立って行う

Point!
軸足で立って
静止した状態から
投げる

? なぜ必要？

軸足で踏ん張れれば体勢が崩れても正確に送球できる

ランニングスローやジャンピングスローなど、体勢が崩れた状態でのスローイングでも、軸足で踏ん張れれば、上半身がワレて、コントロールがつく。片足で真っすぐに立ち、軸をつくる練習をしておこう。

ポイント

手の甲が上を向く

投げ終わったとき、手の甲は内や外を向かず、上を向くように小指を立てる

ここに注意!

低い位置から投げても ヒジの角度は90°以内に

利き腕側に傾いた状態から投げることになるが、どんな位置から投げても、ヒジの角度は 90°以内に。ヒジの角度が鈍角になるとコントロールが乱れてしまうので注意。

難易度	★★★★☆
時間	3～5分

得られる効果
- 全般的テクニック
- 専門的テクニック
- グラブワーク
- ステップワーク
- スローイング
- フィジカル
- チームワーク

ねらい

挟殺プレーを成功させる

Menu 018 2対2のランニングスロー

ワンポイントアドバイス

ほかの野手との連係を高める

距離をつめながらボールをやりとりするときの距離感、走者の追い込み方など、ほかの野手との連係プレーに慣れておこう。

なぜ必要？

繰り返しの練習が本番でモノをいう

挟殺プレーは1試合に何度もあるものではないが、本番でしっかりアウトにするためには絶対に練習が必要だ。とくに野手同士の連係が重要になる。練習を繰り返し、コミュニケーションを深めることが成功につながる。

▼ やり方

スタートを切りながら向かい合う相手に送球、投げ終えたら右側に避け、一方の側で待つ人の後ろにつく。送球を受ける側もスタートを切りながらボールを受け、向かい合う相手に送球し右側に避け、一方の側で待つ人の後ろにつく、これを繰り返す

ポイント

送球の目標は相手のグラブ

挟殺プレーでの距離感を養う練習。ランニングキャッチからスナップをきかせたショートスローで正確に相手のグラブを目がけて投げる

Extra

日々の練習メニューに

3～5分ほど続けると良い汗をかきウォーミングアップにも最適。キャッチボールの延長として、毎日の練習に入れておこう。

Menu 019

挟殺練習

▼ やり方

投手、一塁手、二塁手、遊撃手と一塁に走者を配置。投手が一塁へけん制球を投げて走者を挟む。走者がアウトになるか、二塁に到達するまで行う

ポイント

ワンスローでアウトにするのがベスト

けん制を受けた一塁手がボールを持ったまま走者を追いかけ、二塁ベース前から走者に迫る遊撃手に送球、タッグするのがベスト。遊撃手は送球のタイミングを一塁手に指示すること。二塁手は状況を見て動く

ワンポイントアドバイス

タッグの仕方

走者の腰を押す

タッグの位置は、走者の腰。しっかりとボールをグラブのポケットでつかみ、ベルト付近に押し込む

上半身にタッグにいく

上半身など体の高い位置へのタッグは、下半身よりも避けやすいので、かいくぐられる危険がある

肩にタッグする

肩など上半身にタッグした場合、避けようとした走者の体にグラブが弾かれ、ボールをこぼす危険がある

補強トレーニング②

「スーパーサーキットトレーニング」

▼ やり方

1. 3人一組で並ぶ
2. V字腹筋を5回行う
3. 3m先までダッシュ往復
4. 戻ってきたら背筋を5回行いローテーション。5種類のトレーニングを組み合わせ1セットにするのが目安

得られる効果

トレーニングはV字腹筋、背筋のほか、腕立て伏せ、バービージャンプ、スクワットなど、筋力、瞬発力、アジリティーが強化されるものをランダムに組み合わせる。シーズン中の体のキレづくりに効果的。冬場のトレーニングではダッシュを30m程度にすると体力づくりにもなる。

第3章

内野ポジション別練習

内野の各ポジションそれぞれに必要な練習を紹介。
実戦で使える守備力を手に入れましょう。

難易度	★★★★★
時間	10分

得られる効果
- 全般的テクニック
- 専門的テクニック
- グラブワーク
- ステップワーク
- スローイング
- フィジカル
- チームワーク

ねらい

状況別のピックオフプレーに対応する

Menu 020 ピックオフプレー練習

投手からのけん制球

▼やり方

1 一塁手がベースにつき、グラブを構える
2 投手がけん制球を投げる
3 一塁手は捕球、タッグする

ポイント

左ヒザを内側に入れる

捕球したら左ヒザを内側へ入れるようにしてタッグする。タッグする位置は走者の右肩

なぜ必要？

状況により動きが変わる

リードしている走者を、投手、捕手と連係してアウトにするピックオフプレー。一塁ベースについているとき、いないときなどで、一塁手の動きが変わってくる。状況に応じたピックオフプレーに対応できるようにしよう。

ここに注意！

どのピックオフプレーでも姿勢を弾ませない

弾むような姿勢をしない。体が浮いているときに相手に打たれると、動き出しが遅れてしまう。

ベースについていないときの捕手からのけん制球

▼ やり方

1. 一塁手はベース後方の守備位置に、走者はリードをとる
2. 捕手および一塁手のサインで、一塁ベースに入る
3. 捕手からの送球を受け、帰塁してきた走者にタッグ

ポイント

走者の背後からベースに入る

一・二塁、満塁などでベースについていないときのピックオフ。走者の背後から気づかれないようにベースに入る

ベースに入りながらの捕手からのけん制球

▼ やり方

1. 一塁手はベースにつき、走者はリードをとる
2. 投球とともに前方の守備位置へ
3. 見逃しを確認したらベースに入る
4. 捕手からのけん制球を捕球、走者にタッグする

ポイント

ターンしてタッグ

ベースに入りながらけん制球を受ける。ファウルグラウンド側に体を向け、捕球したらヒザ主導でターンし、走者にタッグ。走者の腰にミットでしっかり触れ、タッグが流れないようにする

ねらい

けん制カバーから打球を処理し二塁へ送球する

Menu 021 けん制カバーからの捕球、送球

難易度 ★★

回数 10本

得られる効果
- 専門的テクニック
- グラブワーク
- ステップワーク

▼やり方

ベースについた状態でノックを待ち、打球を処理。二塁へ送球する

▲ベースカバーから守備体勢に入るのは、走者がリードをとるのと同じ要領

なぜ必要？

特殊な動きになるけん制カバーからの二塁送球

走者一塁、一・三塁のケースでは、投手からのけん制球を想定し一塁手はベースについていなければならず、通常の打球処理とは動きが異なる。さらに一塁手の場合、二塁への送球は、ほかの野手と異なり右方向への送球になる。

ここに注意！

- けん制球カバーの低い姿勢をキープしたまま捕球体勢に入る
- 右側の打球はベースラインに沿って平行に移動し捕球する
- 送球時に踏み込んだ足のつま先が二塁ベース方向を向くようにする

ポイント

右利きは体を二塁方向に切り返す

右利きの場合、グラブを中心にして体を二塁方向へ切り返す。右方向への打球は逆シングルで捕球するとそのままの流れで送球しやすくなる

難易度	★★☆☆☆
回　数	10本

ねらい

一塁線のバントを処理する

得られる効果

- 全般的テクニック
- 専門的テクニック
- グラブワーク
- ステップワーク
- スローイング
- フィジカル
- チームワーク

Menu 022 バント処理練習（一塁）

▼やり方

一塁手はけん制を待つ姿勢で構え、一塁ベースカバーの二塁手をバントシフトの定位置、遊撃手を二塁ベース上に配置。ノックまたはスローで一塁線へグラウンダーを転がし、一塁手が処理する。一塁へ投げるか、二塁へ投げるかは打球の方向、捕球位置などから一塁手が判断する

一塁への送球

ポイント

軸足前で捕球

投手が投げるのと同時に前進する。軸足を前にして捕球すると、回転、切り返しながら送球しやすい。慌てず丁寧な処理が必要。目切りの早さに注意

なぜ必要？

一塁線への送りバント対策を完璧にする

走者一塁での送りバントは、一塁手へ処理させるためにライン際に転がしてくるケースが少なくない。素早く捕球し、一塁、二塁、どちらに投げるか正確に判断できるように練習を繰り返そう。

ここに注意！

切り返し、回転はグラブを中心に

一塁にせよ、二塁にせよ後ろへ送球することになるので、体の切り返し、または回転が必要になる。捕球時は前重心、グラブを中心にして体を切り返し、回転させる。

二塁への送球

ポイント

やや利き手側から打球に入る

右投げはやや右側から打球に入ると、そのまま回転して投げやすい。左投げはやや左側から打球に入り、そのままの流れで送球する

一塁守備

ねらい

一塁ゴロ、二塁ゲッツーを成立させる

難易度	★★★★
回数	10本

得られる効果
- ▶ 専門的テクニック
- ▶ グラブワーク
- ▶ ステップワーク
- ▶ スローイング
- ▶ チームワーク

Menu 023 ゲッツー送球練習

▼やり方

一塁手と遊撃手、一・二塁間に走者を配置。一塁手はゴロを捕球したら、二塁へ送球。一塁ベースに戻り、遊撃手からの送球を捕球する

ポイント 守備位置からベースまでの距離感をつかむ

一度ベースの位置を確認したら、送球を見ながら足を伸ばす。守備位置からベースまでの距離感を事前につかんでおこう

なぜ必要？

一連の流れをつかむ

3−6−3、3−6−1でのダブルプレーのケースがもっとも難しいことを理解する。ほかの野手と異なる右方向への送球に加え、二塁送球後に一塁ベースに戻り、遊撃手からの送球を捕球しなければならない。一連の流れをつかんでおこう。

ワンポイントアドバイス

遊撃手の顔をねらって送球 定位置からは左側、深い位置からは右側

走者の頭ごしの送球はNG。定位置からは向かって左側、深い位置からは向かって右側に送球すると、走者に送球が当たるのを避けられ、遊撃手からもボールが見やすい。

ポイント 送球をしっかりする

ベースに戻ることを意識しすぎて送球が疎かになってはいけない。まずは送球をしっかり投げきってからベースに戻る

ねらい

さまざまな高さの送球に対応する

Menu 024 一塁手捕球練習

難易度 ★★☆☆☆

回　数 10本

得られる効果
- スローイング
- ▶ 専門的テクニック
- ▶ グラブワーク
- ▶ ステップワーク
- フィジカル
- チームワーク

▼ やり方

20 mくらいの距離から各野手にボールを投げてもらい、ベースについた一塁手が送球に合わせた捕球を行う

なぜ必要？

捕球動作は一塁手の基本

野手からの送球を受けるのは一塁手の大事な仕事。高低、左右、送球に合わせた捕球を身につけておこう。

ここに注意！

すべての捕球に共通する注意点

» 利き手側の足でベースを踏む

» 送球に正対する

» 送球にミットの捕球面を向けて捕る

ポイント ミットの上部で捕球

グラブ側の足は踏み出さず、上げたまま伸びる。ミットの上部で捕球する

ポイント 低い姿勢で捕球

グラブ側の足を大きく踏み出し、低い姿勢で捕球する

ポイント ミットは送球に合わせる

ボールの質を見極めミットを出し、捕球する

一塁手守備

ねらい

投手、二塁手と連係してグラウンダーを処理する

Menu 025 投手、二塁手との連係

難易度 ★★

回　数 15本

得られる効果
- ▶ 専門的テクニック
- ▶ グラブワーク
- ▶ ステップワーク
- ▶ スローイング

なぜ必要？

誰が処理し、誰が一塁に入るかを確認

二塁方向へのボテボテのグラウンダーや、プッシュバントには一塁手のほか、投手、二塁手も打球処理に向かう。どのコースに転がったときに誰が処理し、誰が一塁に入るのか、練習で確認しておこう。

ワンポイントアドバイス

斜め前でさばく意識を持つ

二塁方向への勢いのないグラウンダーは、一塁手の定位置からは右前方になる。少しでも早く打球を処理するためには横ではなく、斜め前に出てさばく意識を持とう。

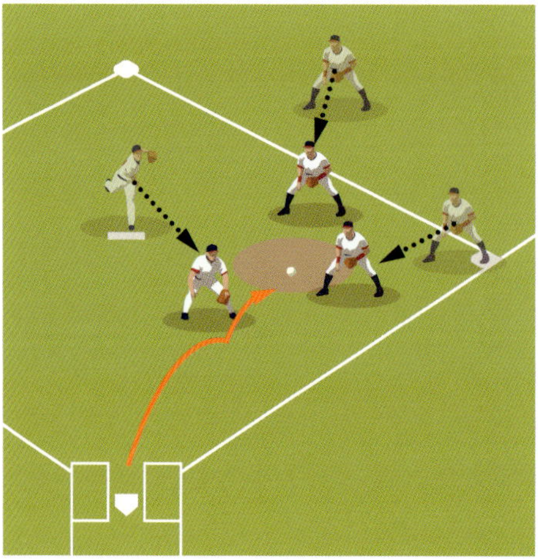

▼やり方

投手、一塁手、二塁手のちょうど中心付近に向けて、緩いグラウンダーをノック、またはスローイングする。それぞれが打球に応じた対応をする

ポイント 打球方向を予測する

送りバントなどの場合は事前に打球方向をある程度予測し、打球を処理するときは右、ベースに入るときは左と、ケアする方向に足を向けて構えておくと動き出しやすい

正面　左方向　右方向

ワンポイントアドバイス

大きな声とジェスチャーで制止

自分でベースに入るときは、カバーに入ってくる投手や二塁手を大きな声とジャスチャーで制止し、無用な交錯を防ごう。

難易度	★★★★☆
時　間	10分

ねらい

体を切り返して遊撃手へ送球する

得られる効果
- 全般的テクニック
- ▶ 専門的テクニック
- ▶ グラブワーク
- ▶ ステップワーク
- ▶ スローイング
- フィジカル
- ▶ チームワーク

Menu 026 切り返しからの送球

▼ やり方

1. 二塁手は定位置で守り、二塁ベース上に捕球役の遊撃手を配置
2. 二塁手の正面にグラウンダーをノックまたはスローで転がす
3. 捕球したら体を切り返し、捕球役に送球する

なぜ必要？

素早い捕球と体の切り返し

二塁手がグラウンダーを処理するゲッツーは、4-6-3 がもっとも機会が多い。ゴロの処理から体の切り返し、遊撃手への送球まで一連の流れを身につけよう。

ここに注意！

グラブを支点にターンする

グラウンダーを捕球したら右側に体を切り返す。このときにグラブを支点に、右足を軸にするとターンしやすい。また、グラブを動かしすぎないでボールを握ること。

ワンポイントアドバイス

遊撃手と「ヘソ」を合わせる

捕球後、送球方向に正対する位置まで体を切り返す。遊撃手とヘソの向きを合わせると正対しやすく、悪送球を防ぎやすくなる。

ねらい

正確なバックトス送球をマスターする

難易度 ★★★★☆

時間 10分

得られる効果
- ▶ 専門的テクニック
- ▶ グラブワーク
- ▶ ステップワーク
- ▶ スローイング
- ▶ チームワーク

Menu 027 捕球からのバックトス

▼ やり方

1. 二塁手は定位置よりベース寄りで守り、二塁ベース上に遊撃手を配置する
2. 二塁ベース寄りにグラウンダーをノックまたはスローで転がす
3. 捕球したらバックトスで送球する

なぜ必要？

バックトスはスピーディー

4-6-3 でゲッツーをとる場合、二塁手はイレギュラーな右方向への動きを必要とされる。ベースに近い位置でグラウンダーを捕球したのなら、体を切り返すよりも、バックトスのほうがスピーディーに送球できる。状況に応じて使えるように練習しておこう。

ワンポイントアドバイス

体重を乗せかえながらヒジを支点に押し出す

捕球したら、右ヒザに体重を乗せかえながらトスする。ヒジは投げる方向に向け、そこを支点に押し出す感覚で。投げ終えたあとに、親指と人さし指で OK マークができていれば、力の入れ具合はちょうど良い。

Level UP!

体に覚えさせるドリル

バックトスの精度を高めるためには、体重の乗せかえや、ヒジの使い方など、正しい形を覚えて、集中的に数をこなすと体が反応するようになる。グラウンダーを短いテンポで転がし、バックトスの届く最長の距離から、5～6本連続して処理するトレーニングを取り入れると、より効果が上がる。

ねらい

一塁寄りのグラウンダーを遊撃手に送球する

難易度 ★★½

時間 10分

得られる効果
- ▶ 専門的テクニック
- ▶ グラブワーク
- ▶ ステップワーク
- ▶ スローイング
- ▶ チームワーク

Menu 028 一塁寄りのグラウンダー処理

▼ やり方

1. 二塁手は定位置付近を守り、二塁ベース上に遊撃手を配置する
2. 一塁ベース寄りにグラウンダーをノックまたはスローで転がす
3. 捕球したら、遊撃手に送球する

ポイント グラブを支点に左回転

打球に入ったら、グラブを支点、右足を軸にして、左足を巻き込むようにして左側へ回転。体が遊撃手に正対したら送球する

ポイント ヘソは遊撃手へ向ける

動きの要領は「切り返しからの送球」（P76）と同じ。ヘソをしっかりと遊撃手のほうに向ける

なぜ必要？

左右への動きに対応するため 体の回転、切り返しを身につける

一塁寄りのグラウンダーは、左方向に移動して捕球し、右方向に送球しなければならない。素早い体の回転、切り返しを身につけて、一連のプレーを流れるように行おう。

ワンポイントアドバイス

左回転は左側、右回転は右側から打球に入る

左回転、右回転があるが、タイミングを合わせやすくプレーが自然に流れるほうを選べば良い。いずれにしても練習では両方行おう。

左回転は左側から、右回転は右側から打球に入っていくと、送球動作に入りやすくなる。

ここに注意！

グラブを引きすぎる

グラブを支点にして回転する。引きすぎると、うまく切り返せない

ヘソが送球方向を向かない

ヘソが遊撃手の方向を向くようにするのが大事。正対して投げないと悪送球につながる

二塁手守備

ねらい

逆シングルからのグラブトスを成功させる

Menu 029 逆シングルグラブトス

難易度	★★★★★
時　間	5分

得られる効果
- ▶ 専門的テクニック
- ▶ グラブワーク
- ▶ ステップワーク
- ▶ スローイング
- ▶ チームワーク

? なぜ必要?

流れるプレーを可能にする

右方向いっぱいの打球は逆シングルで捕りにいくことになる。その後、二塁へ送球するとき、体勢を立て直すよりも、そのままグラブトスしたほうがスピーディーで、プレーも流れる。逆シングルとグラブトスをミックスした難度の高いプレーだが、咄嗟に体が反応できるよう繰り返し練習しよう。

✕ ここに注意!

» 打球の左側を見ながら、打球に入る

» グラブの浅い位置で捕球する

» 手首を掌屈させ、ボールを浮かせるようにトスする

▼やり方

1 二塁手は定位置付近を守り、二塁ベース上に遊撃手を配置する
2 二塁ベース寄りにグラウンダーをノックまたはスローで転がす
3 逆シングルで捕球。そのままグラブトスする

Point!
打球の
左側を見る
Point!
グラブの
浅い位置で
Point!
腰を
伸ばさず
トス

ポイント 腰を伸ばさない

トスするときに腰が伸びきってしまうと、ボールをコントロールしづらくなる。余裕をもってふんわりとトスする

二塁手守備

ねらい

前進しグラウンダーを処理 遊撃手へトスで送球する

Menu 030 前進捕球からのバックトス

難易度 ★★★★☆

時　間 5分

得られる効果
- 専門的テクニック
- グラブワーク
- ステップワーク
- スローイング
- フィジカル
- チームワーク

▼やり方

1. 二塁手は定位置付近を守り、二塁ベース上に遊撃手を配置する
2. 二塁ベース寄りに緩いグラウンダーをノックまたはスローで転がす
3. 前進して捕球。バックトスする

? なぜ必要？

切り返しての送球よりミスが少ないから

前進してグラウンダーを処理したあとの遊撃手への送球は、前方へ勢いがついているため、切り返したり、回転したりするには軸がつくり難い。前方へ進みながらのバックトスが自然な動きになる。よりミスが少ないこのバックトスをマスターすれば前進しながらの打球処理も怖くない。

× ここに注意！

» 捕球しても止まらず、そのまま前へ

» 捕球したボールは素早く握りかえ、遊撃手に見せる

» トスしたあとはしっかり遊撃手を見て、ボールの軌道を確認する

× ここに注意！

体が送球方向に向かない

バックハンドでの後方へのトスだが、体は必ず送球方向に向けること。ほかの送球と同じく、ヘソを遊撃手に向けないとミスの原因になる

ねらい

ベースを踏んで一塁へ送球する

難易度 ★★★★

回数 各10本

得られる効果
- ▶ 専門的テクニック
- ▶ グラブワーク
- ▶ ステップワーク
- ▶ スローイング
- ▶ チームワーク

Menu 031 ピボット練習（二塁手）

▼ やり方

二塁手はベース後方に立ち、遊撃手（または三塁手）からの送球を受ける。左足でベースタッチし、一塁へ送球する

ポイント

左足でベースの手前を踏む

左足でベースの手前を踏み、捕球したら左に体を切り返して送球する。一番オーソドックスなピボット（片足を軸にした回転）。右足（くるぶし）の送りが大切になる

ポイント

くるぶしは一塁側に向ける

左足でベースを踏んだら、一歩前に出る。送球時、軸足のくるぶしが一塁を向くようにする。送球が短い場合にピボットが必要となる

なぜ必要?

さまざまなピボットプレーを場面、状況に応じて選択する

走者はゲッツーを阻止しようと激しく滑り込んでくる。これを避けベースタッチ、送球しなければならない。一通りのやり方をマスターし、場面、状況に応じたプレーを瞬時に判断できるようにしておこう。

ワンポイントアドバイス

ピボットプレーを使うシチュエーションを覚えておく

体のバランスを崩しにくい、ベース後方からの送球が基本となる。間一髪のゲッツーをねらうときは動きがコンパクトな①、滑り込みで崩しに来た走者を避けるときはジャンプし接触を防ぐ②、③を使うと良い。

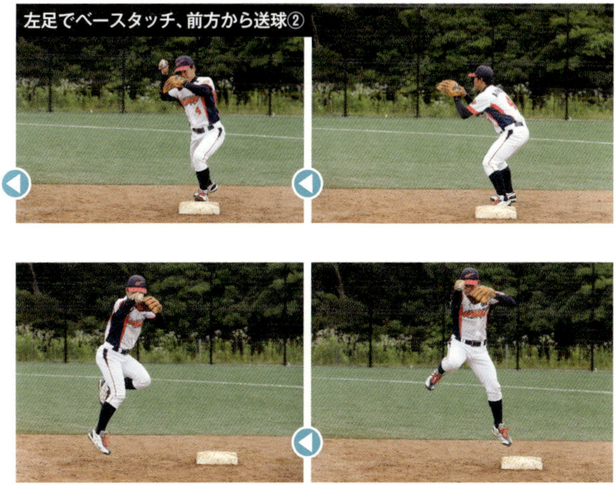
左足でベースタッチ、前方から送球②

ポイント

切り返しの勢いでジャンピングスロー

左足先でベースの面に触れながら送球を待つ。捕球したら切り返しの勢いでジャンピングスロー。遊撃手後方から送球がくる場合にこのピボットが有効

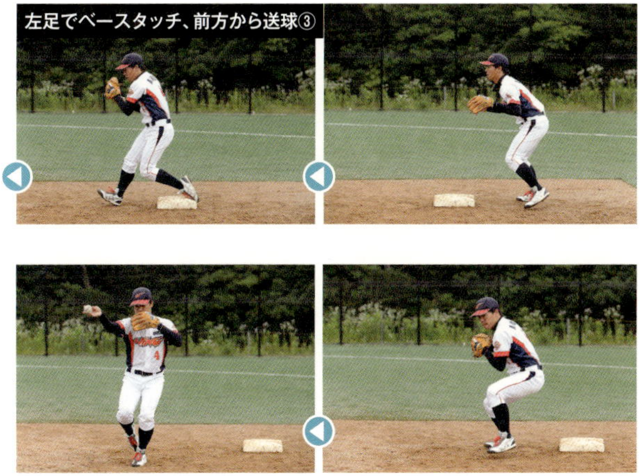
左足でベースタッチ、前方から送球③

ポイント

足の甲で軽く触れる

ベース後方で送球を待ち、右足を踏み出して捕球しながら、左足の甲でベースに触れる。ベースを踏んで踏み出すよりもバランスが良く、そのあとの送球がしやすい

遊撃手守備

ねらい

グラウンダーを処理し二塁手に送球する

難易度 ★★★★

時間 10分

得られる効果
- ▶ 専門的テクニック
- ▶ グラブワーク
- ▶ ステップワーク
- ▶ スローイング
- ▶ チームワーク

Menu 032 グラウンダー捕球からの送球

▼ やり方

1 遊撃手は定位置付近を守り、二塁ベース上に二塁手を配置する
2 ノックまたはスローで正面にグラウンダーを転がす
3 遊撃手はグラウンダーを捕球し、二塁手に送球する

正しい動き

グラブを後ろに引く

なぜ必要？

二遊間の連係プレーの基本

グラウンダー捕球からの二塁手への送球は、二遊間の連係プレーの中でももっとも基本的なものとなる。ポイントを押さえ限りなく100%の成功を目指そう。

ここに注意！

- ≫ ボールをやさしく前に放り出すように扱う
- ≫ 二塁手とヘソ、肩のラインを合わせて送球するとコントロールが定まる
- ≫ 捕球から送球まで動きを止めず、流れるように行う

ポイント ボールを見せる

送球されるボールが見えないと二塁手も受けるタイミングがわからず、捕球ミスにつながる危険がある。こうしたミスを防ぐために捕球しグラブでボールを握りかえたら、二塁手にしっかり見せる

グラブを後ろに引いて送球動作に入ると、二塁手からボールの出どころが見えなくなり、捕球しづらくなってしまうので気をつけよう

ねらい

三遊間のグラウンダーを確実に処理する

Menu 033 三遊間グラウンダーの捕球と送球

難易度 ★★★★☆

時間 10分

得られる効果
- 専門的テクニック
- グラブワーク
- ステップワーク
- スローイング
- フィジカル
- チームワーク

▼ やり方

1. 遊撃手は定位置付近に守り、一塁ベース上に一塁手を配置する
2. ノックまたはスローで三遊間へグラウンダーを転がす
3. 遊撃手はグラウンダーを捕球し、一塁へ送球する

なぜ必要？

スピードと肩を要求される深い位置からの送球を覚える

遊撃手の守備範囲は広い。とくにスピードと肩を要求されるのが、三遊間の深いゴロとなる。素早く正面に入り流れるようにプレーしよう。

ワンポイントアドバイス

まずは正確な捕球を

三遊間への深いゴロは、一塁への送球で打者走者を刺せないケースも出てくる。あきらかに間に合わない場合は、無理して送球する必要はない。まずは正確な捕球を優先しよう。

ねらい

ベース後方からのバックトスを身につける

難易度 ★★★★

時間 5分

得られる効果
- ▶ 専門的テクニック
- ▶ グラブワーク
- ▶ ステップワーク
- ▶ スローイング
- ▶ チームワーク

Menu 034 グラウンダー捕球からのバックトス

なぜ必要？

ベース後方からの送球はバックトスがスピーディー

ベース後方でグラウンダーを捕球し二塁へ送球する場合、そのままの体勢からバックトスで送球するのがもっともスピーディー。繰り返し練習し、二塁手とタイミングを合わせよう。

ここに注意！

- » ヒジを支点にし、腕全体でトスしない
- » 手首をきかせない
- » 送球後に手のひらが捕球者に向くようにトスする

▼やり方

1. 遊撃手は定位置付近に守り、二塁ベース手前に二塁手を配置する
2. ノックまたはスローで二塁ベース後方にグラウンダーを転がす
3. 遊撃手はベース後方でグラウンダーを捕球。ベースカバーに入った二塁手にバックトスする

Point!
送球後に手のひらを受け手に向ける

ポイント　受け手のことを考える

内野手、とくに遊撃手と二塁手は連係が大事。こうしたトスも相手が捕球しやすい、あるいは一塁に送球しやすいように、受け手の次の動作を考えて捕りやすいトスをすることを練習から心がけよう

遊撃手守備

ねらい

二塁へのアンダートスを身につける

Menu 035 グラウンダー捕球からのアンダートス

難易度 ★★★

時　間 5分

得られる効果

- ▶ 専門的テクニック
- ▶ グラブワーク
- ▶ ステップワーク
- ▶ スローイング
- ▶ チームワーク

？ なぜ必要？

ベース付近で捕球したらアンダートスがもっとも正確だから

ベース付近でグラウンダーを処理した場合、アンダートスを使うともっとも正確に二塁手に送球できる。繰り返し練習してしっかり身につけよう。

ワンポイントアドバイス

アンダートスの注意点

≫ 捕球者にボールを見せながらトスする

≫ 手首、指先をきかせない

≫ ボールをやさしく「送り渡す」

▼ やり方

1. 遊撃手は定位置付近に守り、二塁ベース付近に二塁手を配置する
2. ノックまたはスローで二塁ベース付近にグラウンダーを転がす
3. 遊撃手は前進してグラウンダーを捕球、ベースカバーに入った二塁手にアンダートスする

ここに注意!

至近距離から急いで投げない

ベース付近の打球だから捕球したあとに急いでトスする必要はない。あまりにも近い距離からトスすると二塁手も捕球が難しいのでやさしく送り渡す。

遊撃手守備

ねらい

ベースへの入り方と正確なタッグをマスター

Menu 036 タッグ練習

難易度 ★★★

回　数 20本

得られる効果
- ▶ 専門的テクニック
- ▶ グラブワーク
- ▶ ステップワーク

▼ やり方

遊撃手は走者一塁のときの定位置で構える。二塁ベースから３～４ｍ離れたところから送球されたボールを遊撃手がベースに入り捕球、タッグする

なぜ必要？

二盗されたときの遊撃手のベースでの動きになる

二盗されたときの対策。ベースへの入り方、タッグの仕方など基本動作を身につけ、一連の流れを覚えておこう。

ワンポイントアドバイス

送球は近くからでいい

あくまでもタッグの練習なので、送球は捕手からではなく、近くからでいい。繰り返すことでベースへの入り方、タッグの仕方、タイミングを覚える。

Arrange

送球に変化をつける

通常の送球に加えハーフバウンド、ショートバウンドを集中的に投げたり、各種類をランダムに投げても良い。試合ではどんな送球がくるかわからないので臨機応変に対応できるようにする。

ポイント

グラブを真っすぐ下に落としてタッグ

タッグ位置は走者のヒザから下。送球は前に出て捕らず、低い姿勢で受けて、走者側に寄りグラブを真っすぐに下に落とす。タッグしたらボールを弾かれないようグラブを引き上げる

ここに注意!

タッグは走者に強く厳しく

高い位置で捕球したら、そのまま捕球したところで走者に強く厳しくタッグする。

それたボールは体ごと

ボールがそれたとき、手を伸ばして捕球しない。結果的に後ろにそらしたり、捕球できてもタッグが遅くなる。体ごと送球の正面に入るようにしよう。

遊撃手守備

ねらい

ゲッツーに必要なピボットを覚える

Menu 037 ピボット練習（遊撃手）

難易度 ★★★★☆

時間 10分

得られる効果
- ▶ 全般的テクニック
- ▶ 専門的テクニック
- ▶ グラブワーク
- ▶ ステップワーク
- ▶ スローイング
- ▶ フィジカル
- ▶ チームワーク

▼ やり方

遊撃手は走者一塁のときの定位置に立ち、配球役（二塁手）からの送球を受ける。足でベースタッチし、一塁方向へ送球する

ベースタッチ（基本）
Point!
右足でベースタッチ
Point!
足先をスライドさせる
Point!
送球はベース後方から

なぜ必要？

基本を押さえ状況に応じた応用も身につけよう

二塁手からの送球を受けてのゲッツーは、流れるようにベースをタッチし、素早く送球しなくてはならない。基本は右足でベースタッチし、ベース後方からの送球になるが、ほかのやり方も覚えて、状況に応じて使い分けよう。

ワンポイントアドバイス

流れるベースタッチでダイナミックにプレーする

基本となる動きでは、ベースを踏まず、滑らせる。ベースに入ってくる勢いそのままに、足先で二塁ベースの遊撃手側後方の面をスライドさせるようにベースタッチ。ベース後方で送球する。この方法だとプレーが流れ、ダイナミックに動ける。

右足でベースをスライドさせ後方から送球（基本）

◀基本的な形。足先を滑らすようにしてベースタッチする

左足でベースタッチし前方から送球

▲内野側の送球がそれたときの対応。左足でベースを踏み、前に出て送球する

右足でベースタッチし前方から送球

▲一塁手、二塁手の内野寄りからの送球に対応する

遊撃手守備

ねらい

後方に上がった小フライの処理

Menu 038 小フライの捕球

難易度	★★★★☆
回数	10本

得られる効果
- ▶ 全般的テクニック
- ▶ 専門的テクニック
- ▶ グラブワーク
- ▶ ステップワーク
- ▶ スローイング
- ▶ フィジカル
- ▶ チームワーク

? なぜ必要?

フライは前だけではない

頭上をこえグラスエリアに上がった小フライは内野手の守備範囲になる。遊撃手はカバーするエリアが広いので、深い位置まで追う必要も出てくる。後方のフライへの対処の仕方を覚えておこう。

ワンポイントアドバイス

打球に対して伸び上がらず腰の位置を低く保つ

フライ処理で気をつけたいのが目ブレ。内野手はグラウンダーを処理するため低い姿勢で構えているので、頭上の打球へ伸び上がろうとすると顔、体が上下動して、目線がブレてしまう。腰の位置を低く保ったまま落下点に入ろう。

▼やり方

1. 捕球役が構える
2. 配球役が、捕球役の頭をこえるフライをノックまたはスローイングする
3. 捕球役は後方にボールを追いかけ、落下点に入り捕球

Point!
腰を低く
Point!
打球方向で体をどちらに切り返すか判断

ポイント 腰の位置を低くキープし打球から目を切らない

打球が上がったら、腰（ヒザの角度）を低く保って切り返す。両足は尻の下に。安定した低い姿勢で目線を確保。捕球姿勢に入るときも打球から目を切らない。体のキレを生み、コンディショニングにも役立つ

三塁手守備

ねらい

ランニングスローを正確にコントロールする

Menu 039 ランニングスロー練習

難易度 ★★★★☆

回数 20本

得られる効果
- ▶ 専門的テクニック
- ▶ グラブワーク
- ▶ ステップワーク
- ▶ スローイング
- ▶ フィジカル
- ▶ チームワーク

？ なぜ必要？

ボテボテのグラウンダーは前進してランニングスロー

三塁手へのボテボテのグラウンダーなど前方への打球は、一塁ベースへ距離があり、素早い送球が求められる。ステップして体勢を立て直すことなく、一連の流れで捕球から送球までを行えるランニングスローを正確にコントロールできるようにしよう。

× ここに注意！

» 「投げてから跳ねる」のではなく「跳ねてから投げる」

» 送球時にしっかりと右足で踏ん張る

» 腕を振り切るまで動きを止めず、体を流れるように動かす

▼ やり方

1 三塁手は定位置付近を守り、一塁手を配置する
2 ノックまたはスローで三塁手に緩いグラウンダーを転がす
3 三塁手は前進してグラウンダーを捕球、ランニングスローで一塁へ送球する

ポイント

腕の角度に注意

どんな体勢から送球しても腕の角度は90°より鈍角にならないように気をつける。腕の角度が鈍角になると悪送球になりやすいので注意

三塁手守備

ねらい

バントを正確に処理する

Menu 040 バント処理練習(三塁)

難易度	★★★☆☆
回数	5～10本

得られる効果
- ▶ 全般的テクニック
- ▶ 専門的テクニック
- ▶ グラブワーク
- ▶ ステップワーク
- ▶ スローイング
- ▶ フィジカル
- ▶ チームワーク

なぜ必要?

素早い対応が求められる三塁のバント処理

右打者のドラッグバントや左打者のプッシュバントなど自ら生きようとするバントが三塁側へ転がされることがある。一塁での生死は秒差の勝負になる。捕球から送球まで素早く対応できるようにしよう。

ワンポイントアドバイス

打球に右側からふくらんで入る

右方向への送球になるので、打球には真っすぐに入らず、プレーが流れるようにやや右側からふくらんで入っていくと送球しやすい。

▼やり方

1. 三塁手は定位置付近を守り、一塁手を配置する
2. ノックまたはスローで三塁方向へ緩いボールを転がす
3. 三塁手は前進し捕球、送球する

ポイント ヒジの向きに注意

間一髪のプレーになるので悪送球は禁物。ヒジをしっかり一塁方向（送球方向）に向けて投げるとコントロールが定まる

ねらい

逆シングルで捕球後の一塁送球を覚える

Menu 041 逆シングルでの捕球から送球

難易度	★★★★☆
回　数	10本
得られる効果	▶ 専門的テクニック ▶ グラブワーク ▶ ステップワーク ▶ スローイング

なぜ必要?

送球がスムーズになる逆シングルでの捕球

バントやボテボテのグラウンダーなど、前方のライン際への打球は、回り込むようにして処理する。一塁への送球は、逆シングルで捕球するほうが体を切り返す必要がなくプレーが流れ、スムーズに送球できる。

▼ やり方

1. 三塁手は定位置付近に守り、一塁手を配置する
2. ノックまたはスローで緩いグラウンダーを転がす
3. 三塁手はグラウンダーを逆シングルで捕球、一塁へ送球する

Point!
軸足に体重を乗せる
Point!
つま先を一塁方向に

ポイント 軸足で踏ん張る

捕球後、送球動作に移ったら、軸足にしっかり体重を乗せて踏ん張る。踏み出した足のつま先は一塁方向を向くようにするとコントロールがつきやすい

三塁手守備

ねらい

強烈なグラウンダーを体を使って止める

難易度 ★★★☆☆

回　数 10本

得られる効果

- ▶ 専門的テクニック
- ▶ グラブワーク

Menu 042 強いグラウンダーのノック

なぜ必要？

ライン際には強烈なグラウンダーが飛んでくる

三塁線には右打者の引っ張った、ライナー性の強烈なグラウンダーが飛んでくることがある。半身になる通常の捕球姿勢では打球の勢いに負けてボールを弾いてしまう。体全体で打球を止めよう。

ワンポイントアドバイス

体全体で打球を止める

体全体で捕球し、ボールの勢いを止める。打球に対して直角に体をもってくると、万が一弾いても、前に落とすことができる。より安定度を高めるため、右ヒザをついてもよい。

▼ やり方

三塁手の正面に通常よりも強めのグラウンダーをノックし、それを捕球する

ポイント

両手で捕球する

打球は必ず両手で捕球する。勢いを止められるだけでなく、送球動作にも移りやすくなる

Level UP!

ノックを少しずつ正面からずらしていく

強い打球に慣れることが目的なので、最初のうちはノックを正面に打つ。強い打球に慣れてきたら、ノックを少しずつ正面からずらしていくと、左右の強い打球にも対処できるようになる。

ねらい

ライン際の打球を逆シングルで捕球する

難易度 ★★★★☆

回数 10本

得られる効果

- ▶ 専門的テクニック
- ▶ グラブワーク

Menu 043 三塁線の打球処理練習

▶三塁手がカバーする範囲

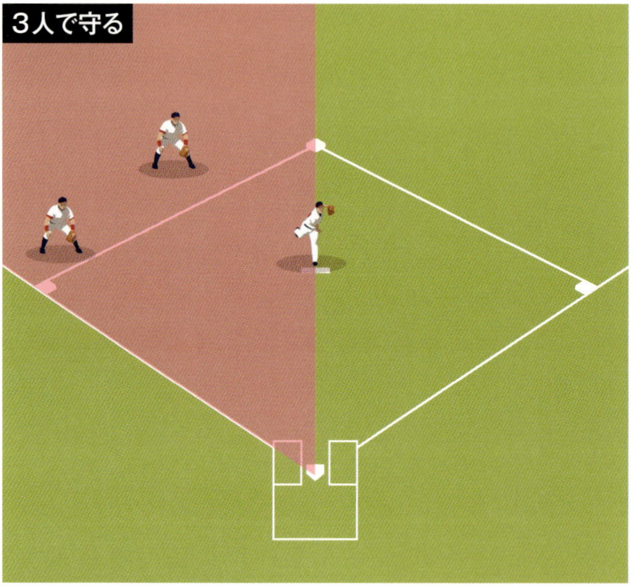

三塁手は三塁線、三遊間、三塁側へのバントを処理しなければならない。逆シングルが使えるようになると、ライン際を少し広くあけて守ることができるため、遊撃手、投手の守備範囲をカバーすることができる

? なぜ必要?

ライン際をあけているとき逆シングルは必須

左方向への動きが多い三塁手だが、唯一、右方向への動きとなるのが、ライン際への打球。ライン際をあけて守っているときなどは、回り込んで正面に入る余裕はないので、逆シングルでの捕球は必須となる。

ワンポイントアドバイス

逆シングルをマスターすれば守備範囲が広がる

ライン際にはラインドライブのかかった速い打球(ライナー)も飛んでくる。しっかりとグラブをハンドリングして打球を押さえよう。正面に入れない打球を逆シングルで捕球するのは決して「横着」なプレーではない。しっかりマスターすれば右方向への守備範囲が広がり、ラインから離れて守る守備隊形をとることができる。

▼ やり方

ノックまたはスローでライン際ギリギリのグラウンダーを転がし、それを逆シングルで捕球する

ねらい

三遊間の打球を フォアハンドで処理する

難易度	★★★☆☆
回数	10本

得られる効果
- ▶ 専門的テクニック
- ▶ グラブワーク
- ▶ ステップワーク
- ▶ スローイング

Menu 044 フォアハンドでの捕球から送球

なぜ必要?

フォアハンド捕球は送球動作に移りやすい

捕球の基本は正面だが、左側への打球はフォアハンドで捕球すると、そのままの流れで送球に移ることができる。三遊間への緩い打球などにはとくに有効になる。

ワンポイントアドバイス

斜めに切れ込んでいく意識で

打球をより早く処理するために、マウンド方向に斜め前に切れ込んでいく意識を持とう。

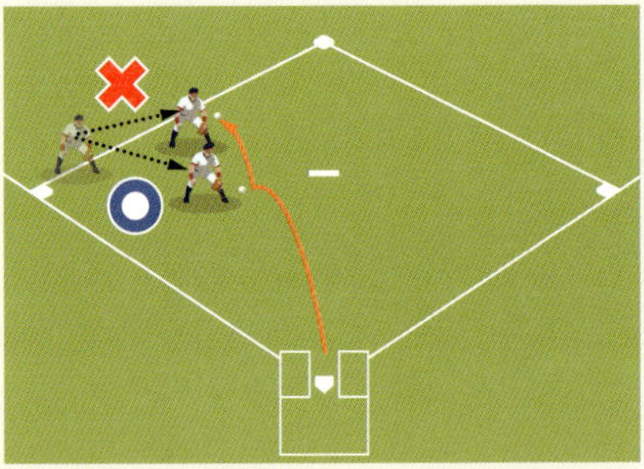

真横に移動して捕球

左方向に打球を追うと言っても、写真のように真横に移動していては時間のロスになってしまう

▼やり方

1 三塁手は定位置付近に守り、一塁手を配置する
2 ノックまたはスローで三遊間に緩いグラウンダーを転がす
3 グラウンダーを捕球、一塁へ送球する

ねらい

ベースタッチからの一塁送球を練習する

難易度	★★★☆☆
回 数	5回

得られる効果

- ▶ 専門的テクニック
- ▶ グラブワーク
- ▶ ステップワーク

Menu 045 ベースタッチ送球練習

なぜ必要？

一・二塁または満塁時で使う

一・二塁または満塁のとき、三塁手はベースタッチして送球することがある。捕球からベースタッチ、送球まで一連の流れを覚えておこう。

ワンポイントアドバイス

ベースタッチは捕球から送球までの動きの中で、一番近いところに触れる

ベースを右足で踏んで、ステップする。捕球後、グラブは胸元へ。タメをつくって送球する。

▼ やり方

1 三塁手は定位置付近に守り、一塁手を配置する
2 ノックまたはスローでグラウンダーを転がす
3 グラウンダーを捕球、ベースタッチして一塁へ送球する

Point!
ベースを踏んだあと、しっかりと送球方向に踏み込む

補強トレーニング③

「みんなで腹筋」

▼ やり方

1 Ｖ字腹筋の姿勢で円になる
2 円の中の１人がボールを両手で握り左右に体を１０回振る
3 １０回振り終えたら円の中の別の誰かにボールを投げ渡す
4 ボールを受け取ったら両手で握り左右に体を１０回振る。以上を３分間繰り返す

得られる効果

腹筋をはじめ体幹を強化する。グループになって行うことでコミュニケーションを高める効果もある。

Level UP!

ボールは3つまでOK

慣れてきたらボールを足していく。10人程度で円をつくるならば、３つまでが上限になる。

第4章

外野手の守備練習

広い外野を３人で守る外野手は動き出しが大事。
走りの練習からフライ、ゴロの処理。
さらにスライディングキャッチや
ダイビングキャッチの練習法まで紹介します。

外野手走り方

ねらい

一度目を切って素早く打球の落下点に入る

難易度	★★★★☆
回　数	10本

得られる効果

- ▶ 全般的テクニック
- ▶ **専門的テクニック**
- ▶ グラブワーク
- ▶ ステップワーク
- ▶ スローイング
- ▶ **フィジカル**
- ▶ チームワーク

Menu 046 目切り20メートル走

▼ やり方

1. 20 m四方に目印となるコーンなどを置く
2. 構えの姿勢から、後方へスタート
3. 向き直って、捕球姿勢をとる
4. 外周だけでなく、対角線も使い本数を重ねていく

ポイント

打球をイメージする

漫然と数をこなすのではなく、一本一本実際の打球をイメージして走ろう

なぜ必要？

正面後方のフライで落下点後方に入る練習

左右へのフライは半身の体勢で落下点までボールを追うことができるが、後方へのフライは一度ボールから目を切って、落下点に入らねばならない。一度目を切って落下点で向き直る練習をしておこう。

ワンポイントアドバイス

両手捕球のクセをつける

この練習はダッシュをすることが目的ではないので、最後にしっかりと捕球姿勢をとること。外野手のフライ捕球は、両手で捕ったほうが確実で、送球にも素早く移ることができる。捕球姿勢をとるときはグラブに手を添えるのを忘れずに。

ポイント

いろいろな方向に走る

外野手は前へ突っ込む打球、後ろに下がる打球、さらには左右に走る打球と、さばくボールの種類は多様だ。この練習では20mの正三角形が2つできるようにコーンを設置し、いろいろな方向に走るようにしよう

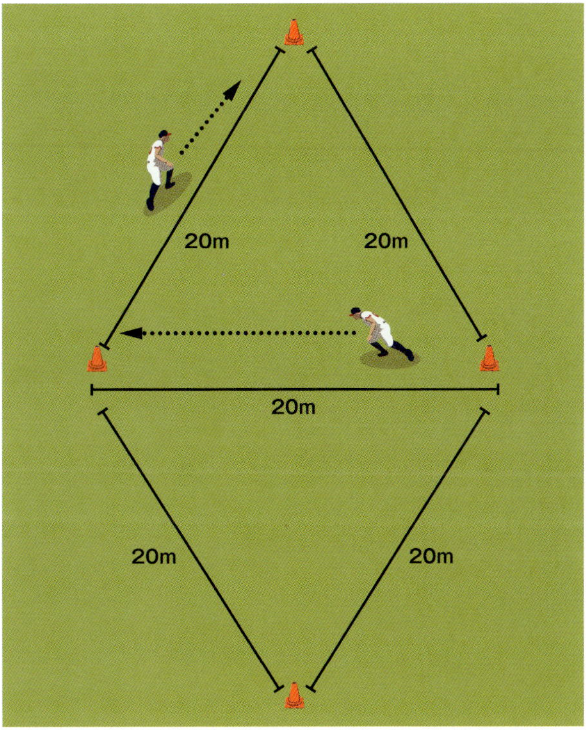

外野手走り方

ねらい

目ブレを防ぎ フライを捕球する

難易度	★☆☆☆☆
回数	10本

得られる効果
- ▶ 全般的テクニック
- ▶ 専門的テクニック
- ▶ グラブワーク
- ▶ ステップワーク
- ▶ スローイング
- ▶ フィジカル
- ▶ チームワーク

Menu 047 目ブレ防止走

▼ やり方

守備の構えからスタート。実際にボールを追うようにして、半身または後ろ向きに走り、向き直って捕球姿勢をとる。距離は 20 mが目安

ポイント

腰の位置を固定する

走っているときに腰が上下すると、上半身のブレにつながる。腰の位置を固定しよう

なぜ必要？

目ブレはエラーの原因

ボールを見ながら追える左右へのフライであっても、走っている最中に上下に目線がブレると正確な捕球の妨げになる。目ブレしない走り方を身につけ、フライをしっかり捕球できるようにしよう。

ワンポイントアドバイス

つま先で走る

足の裏全体で着地すると体に伝わる振動が大きくなり目ブレにつながる。体の上下動を防ぎ、目ブレを防止するため、つま先で着地して走る。

低い姿勢を保つ

スタート時に頭を上げる

Extra

体力トレーニングにもなる

ダッシュのように一定の距離を走るので本数を繰り返すと、息上げやウォーミングアップにもなる。練習、試合前のダッシュなどで日常的に取り入れておくと良い。

難易度	★★★☆☆
時　間	10分

得られる効果
- ▶ 全般的テクニック
- ▶ 専門的テクニック
- ▶ グラブワーク
- ▶ ステップワーク
- ▶ スローイング
- ▶ フィジカル
- ▶ チームワーク

ねらい

「返球」と「送球」を使い分ける

Menu 048 ゴロ処理からの返球・送球

なぜ必要？

「返球」はしっかり捕る「送球」は捕って弾みをつける

外野手が内野へボールを戻すプレーには「返球」と「送球」がある。走者なしの場面での単打など、スピードよりも確実性が優先される場合は「返球」。打球の正面に入りしっかりとボールを押さえよう。走者がいる場面、補殺をねらう場面など、スピードが優先される場合は「送球」になる。素早くゴロの正面に入り、強く正確に投げ返す。「返球」と「送球」の違いを理解し使い分けよう。

▼ やり方

20 m程度の間隔をあけ、ノックまたはスローでグラウンダーを転がす。捕球者は構えの体勢からゴロの正面に入り、返球の場合は正確な捕球を心がけ、送球の場合は捕球後、大きくステップして投げ返す

送球
Point!
勢いよくボールの正面に入る
Point!
体を起こしたらステップ

ポイント

「間」を使う＝弾みをつける

ステップした際の「間」を使い、弾みをつけて、返球する野手にねらいを定めるとコントロールしやすくなる

ここに注意!

ステップしないと強い正確な送球はできない

捕球→ステップ→送球は一連の動作になる。ステップをしないと勢いがそがれてしまい、強いボールが投げられない。

ステップしない

NG
Point!
強いボールが投げられない

ねらい

フライを処理する

難易度	★★☆☆☆
時間	10~20分

得られる効果
- ▶ 全般的テクニック
- ▶ 専門的テクニック
- ▶ グラブワーク
- ▶ ステップワーク
- ▶ スローイング
- ▶ フィジカル
- ▶ チームワーク

Menu 049 フライの捕球

▼ やり方

ノッカーがフライを打ち、捕球する。捕球の基本練習なので、ノッカーは正面または前方への、捕球しやすいフライを打ち上げる

ポイント

次の動作につなげる姿勢で捕球

右利きなら右側に、左利きなら左側に半身の姿勢で捕球すると、体重移動がしやすく次の動作につなげやすい

なぜ必要？

フライの距離感をつかむ

外野へのフライは高く大きく上がり、伸びるように迫ってくる。日頃の練習でいろいろな種類のフライを見て打球の距離感をつかんでおこう。

ワンポイントアドバイス

落下点と捕球点

フライはボールの落下点より手前の、「捕球点」で捕る。しかし直接、捕球点に入るとボールを捕ることはできるが、動きが止まってしまうので、次のプレーにつながらない。落下点の後方から、反動をつけて前進し、捕球点で押さえるようにしよう。

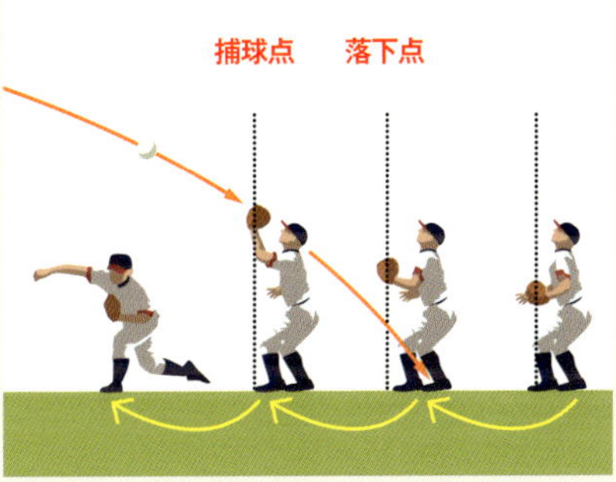

ここに注意！

正しい捕球姿勢を知る。正面に入り、顔の近くで捕球

フライの正面に入り、グラブを構えたら、ボールが落下してくるのを待ち、なるべく顔の近くで捕球する。正面に入らなかったり、自分から捕りにいったりすると、エラーの原因になる。

正面で捕球

正面に入れない

ねらい

グラウンダーの処理を覚える

Menu 050 グラウンダーの捕球から送球

難易度 ★★☆☆☆

回数 10本

得られる効果

- 全般的テクニック
- 専門的テクニック
- グラブワーク
- ステップワーク
- スローイング
- フィジカル
- チームワーク

▼ やり方

ノッカーがグラウンダーを打ち、それを捕球する。基本的なグラウンダーの捕球を身につける練習なので、ノッカーは正面へ捕りやすい打球を打つ

グラブ側の足を前に出し外側で捕球

なぜ必要？

次の動作につながる捕球を

外野手は「返球」にしろ、「送球」にしろ、捕球したら内野へ素早くボールを返す必要がある。次の動作につなげやすい捕球方法を身につけよう。

ワンポイントアドバイス

歩幅が合い、ステップが大きくなるほうを選択

外野手の捕球には、グラブ側の足を前に出し外側で捕球する方法と、利き手側の足を前に出し正面で捕球する方法がある。歩幅が合わせやすく、捕球後のステップが大きいほうを選ぶと良いだろう。

利き手側の足を前に出し正面で捕球

ポイント　グラブは捕球位置で

グラブは正面に入り捕球位置で出すこと。グラブを出しながら打球を追うと動きが緩慢になる

外野守備

ねらい

球際に強くなる

難易度	★★★★☆
回数	10本

得られる効果
- 全般的テクニック
- **専門的テクニック**
- グラブワーク
- ステップワーク
- スローイング
- フィジカル
- チームワーク

Menu 051 スライディングキャッチ練習

▼やり方

球出し役が真上にボールを上げる。２ｍほどの距離から走ってきて、滑り込みながら落ちてくるボールを捕球する。

ポイント

走塁のスライディングを応用

スライディングは走塁のストレートスライディング（Ｐ167参照）を応用する

なぜ必要？

練習しなければ試合では使えない

スライディングキャッチは咄嗟に出るプレー。練習しておかなければ、試合では使えない。スライディングするタイミングや、グラブの出し方、捕球時の姿勢など球際の感覚を、繰り返し練習することでつかんでおこう。

Extra

バックアップ練習も忘れずに

バックアップは外野守備にとって大事なこと。普段の練習からバックアップを徹底しよう。ほかの外野手のバックアップがあると思えば、後逸を気にしなくていいのでギリギリの打球にスライディングキャッチなどで思いきって飛び込むこともできる。

外野守備

ねらい
頭から飛び込んでフライを捕る

難易度 ★★★★☆
回数 10本

得られる効果
- 全般的テクニック
- ▶ 専門的テクニック
- ▶ グラブワーク
- ステップワーク
- スローイング
- フィジカル
- チームワーク

Menu 052 ダイビングキャッチ練習

▼やり方

1. 捕球役と球出し役が２～３ｍほど間隔をあけて並ぶ
2. 球出し役は捕球役とは逆側に下手で山なりのボールを投げる
3. 捕球役はボールが投げられたタイミングでスタート。ダイビングしてボールに飛び込み捕球する

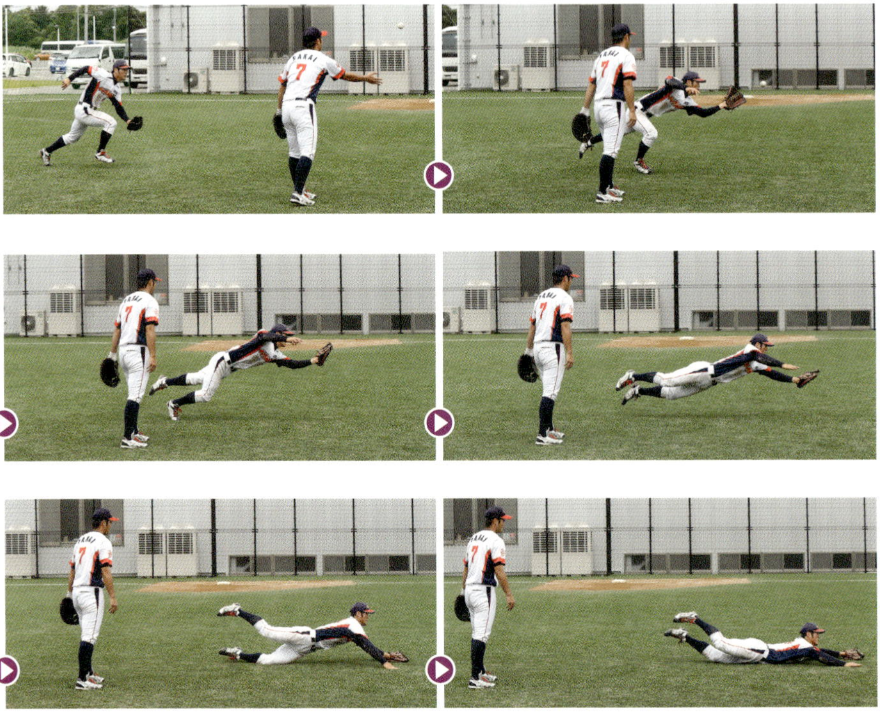

ポイント

胸、腹で滑り込む

低い姿勢から飛び込み、捕球後は胸、腹で前方へ滑り込んでいく。頭、首への衝撃を最小限にとどめ、目線のブレを防ぐ

なぜ必要？

飛び込む感覚を体で覚える

スライディングキャッチと同様、ダイビングキャッチも頻繁に使うプレーではないが、練習しておかなければ、試合では使えない。飛び込むタイミングや、グラブの出し方など感覚をつかんでおこう。

ここに注意！

ケガに要注意

ダイビングキャッチは胸、腹への強い衝撃をともなうので、芝生の上や、柔らかく掘り起こした土の上などで行うこと。前方への飛び込みは危険なので行わない。

ワンポイントアドバイス

両手で起き上がる

捕球後に上体から起き上がると目ブレの原因になり､送球ミスにつながる恐れがある。捕球後は両手をヒザに持ってくるようにして、低い姿勢から体を起こすクセをつけておこう。

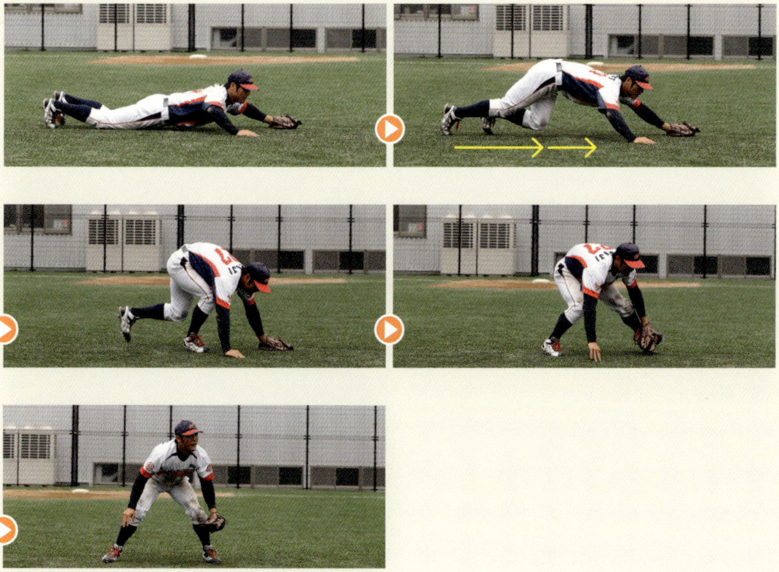

外野守備

ねらい

強いライナーを処理する

難易度	★★★☆☆
回　数	10本

得られる効果
- 全般的テクニック
- ▶ 専門的テクニック
- ▶ グラブワーク
- ステップワーク
- スローイング
- フィジカル
- チームワーク

Menu 053 ライナー捕球練習

▼ やり方

50 mくらいの間隔をあけ、ノッカーが強いライナーを打つ。それを打球の正面に入り捕球する

なぜ必要?

ライナー捕球にはコツがある

トップスピン（打球と同じ方向に回転）のかかった外野へのライナーは、スピードが速く、伸びてくる。打球の勢いに負けない捕球法を練習しておこう。

ポイント

ジャンプのタイミング

頭上を襲うライナーの場合はジャンプしてキャッチする。このとき、ジャンプが早すぎても遅すぎてもダメ。ボールがくるのと自分が最高到達点になるのが一緒になるようにタイミングを合わせてジャンプする

▲しっかり打球の正面に入る。速いライナーがきても怖がらない

ワンポイントアドバイス

速い打球に負けない

打球を怖がらず正面に入り、できる限り両手で捕球する。打球の勢いに負けないように、体全体で打球を受け止める。押し込まれるとファンブルの原因になる。

両手で捕球

打球の勢いに押される

体の正面で捕球

正面からずれた位置で捕球

内野手・外野手のポジション考

内野、外野の各ポジションは求められる役割が異なり、必要な能力も違ってきます。以下は筆者の各ポジションに対する考え方です。自分に足りないものは何か、これからどのようにアジャストしていけば良いのか、考えるための参考にしてください。

●一塁手　包容力と協調性、チームの支柱

ほかの内野手からの送球を受ける一塁手は包容力と協調性が必要。ピンチになれば投手を励ますなどチームの支柱となるべき立場でもあります。確実なミットさばきとバントの処理能力、塁上にいる走者に対してプレッシャーをかけて、けん制する威圧感も必要です。指示を出す機会も多いので、よく声の通る選手が向いているでしょう。

●二塁手／遊撃手　守りの要、正確で勇気あるプレーが必須

二遊間はチームの守りの要になります。単に捕って、投げて、というだけでなく、二遊間での併殺プレー、外野手との中継プレー、捕手からの指示の伝達など、さまざまな役割があります。とくに併殺はチームのピンチを救いますが、ミスすれば大量失点にも結びつき度胸も必要。自分の守備に自信があり、正確かつここ一番で勇気をもってプレーできる選手が求められます。

●三塁手　元気いっぱい、チーム一のファイター

三塁手は二遊間のように打球をうまくさばく必要はありませんが、速い打球、遅い打球に対応し、しっかり正面に入って捕球することが求められます。右打者の引っ張った強烈な打球に飛びついたり、叩き落としたり、片ヒザをつけてでも捕球するようなチーム一のファイター、元気者が向いています。

●外野手　大きな声出し、最後まで捕球をあきらめない

ほかのポジションと距離のある外野手は声の大きさが大事。捕球の際はたとえ周囲に誰もいなくても、練習から大きな声を出して捕球するように習慣づけましょう。打球が飛んでくる機会は少ないですが、相手打者の構え方や打力により守備位置を変えるなど集中力を切らさず、ダイビングキャッチ、スライディングキャッチを行ってでも最後まで捕球をあきらめない姿勢も求められます。

第5章

さまざまな守備ドリル

ここからは守備のレベルアップをねらった
オリジナルドリルを多数紹介。
楽しみながら実戦で使える技術、
体力を高めていきましょう。

ねらい

守備の基本動作を強化する

Menu 054 スモールボール回し

ココを強化
●コントロール
●スピード

▼ やり方

本塁を中心にノーステップで投げられる間隔（20 mが目安）をあけて、それぞれ数人ずつ配置。本塁から三塁、二塁、一塁と順回りでボールを回す。10 周したら逆回り

ポイント 捕球する相手のことを考える

正面で正しく捕球することが、素早い送球につながる。捕球する相手が送球動作に移りやすいところを意識して投げる

? なぜ必要？

基本動作の日常的な強化が実戦で生かされる

この章で紹介するドリルはいずれも守備の基本動作になる。実戦的な練習では強化しきれない部分もあるので、これらのドリルを練習前のウォーミングアップなどで、日常的に取り入れ、鍛えるようにしよう。ゲーム性を取り入れることで楽しみながら強化することもできる。

順回り

ポイント 軸足の位置を決めておく

右利きの場合、軸になる右足の位置を決めておく。左足はやや浮かせた状態で捕球すると、スピーディーに送球方向に踏み出せる（左利きの逆回りも同様）

逆回り

ポイント 低い姿勢で捕球して切り返す

右利きの場合、逆回りは切り返しがポイント。低い姿勢をとり、顔の前で捕球するとスムーズに足が運べる（左利きの順回りも同様）

Extra

チーム分けして競争

チーム分けしてどちらが早く10周回すことができるかタイムを競う。負けチームに罰ゲームを設定しておくと、競争意識も高まり、よりスピーディーに行うことができる。ただし、スピードを意識しすぎて雑にならないように注意しよう。

中途半端な切り返し

切り返しはしっかり。中途半端な体勢で投げると悪送球の原因になる

Menu 055 フロントバック走（時間orボールの数）

ココを強化
●足さばき

▼やり方

1. ２人一組になる
2. ５つボールを並べる
3. ボールをひとつ握ったら、ベルトの位置でキープし背走
4. ７～１０ｍ後方まで背走して運ぶ
5. 先に５つ運んだほうが勝ち

ワンポイントアドバイス

目ブレは最小限に

ボールに目線を合わせて背走する。ヒザの角度で腰の位置を固定し上半身は浮かさない。つま先で着地すると、目ブレが小さくなり素早く背走できる。これは実戦にもつながる足さばきだ。

Extra

下半身の強化にも

低い姿勢を保つことで、太ももが鍛えられ下半身の強化にもつながる。早さを意識するあまり腰高にならないようにしよう。

Menu 056 カニさん半歩のボール置き換え

ココを強化
●捕球姿勢

▼やり方

1. ２人一組になる
2. ２～３m先にボールを５つ並べる
3. 捕球姿勢をキープしながらボールに向かって「カニ歩き」
4. ボールを取ったら、スタート位置まで運ぶ
5. 先に５つ運んだほうが勝ち

ポイント

足はクロスさせず半歩ずつ

左右の足はクロスさせず、半歩ずつ横に運んでいく。実戦での捕球動作を意識し、移動中は前方に視線をやる。終盤は捕球姿勢をキープするのがキツくなり、上体が浮いてくるので注意する

Menu 057 ボール運び

ココを強化
- 捕球姿勢
- 下半身

▼やり方

1. ２人一組になる
2. ２～３mの間隔をとり目印を置く
3. 捕球姿勢でグラブを使いボールを転がして運ぶ
4. 目印で折り返し、スタート地点に戻ったら１本
5. 本数を決めて、先に終えたほうが勝ち

ワンポイントアドバイス

実戦での捕球姿勢を意識

練習の目的は実戦での捕球姿勢を意識すること。移動時は必ずつま先で着地するようにしよう。低い姿勢を保って行えば、足さばきが身につくだけでなく、下半身の強化にもつながる。

ここに注意！

ボールはグラブでのみ扱う

このドリルのもう一つのねらいはグラブでボールを扱う感覚を身につけること。グラブでの捕球をイメージしながらボールを転がしていくようにする。

Menu 058 トスランニング

ココを強化
- ●トス
- ●バックトス

▼ やり方

1 ２人一組になる
2 スタートからゴールの間隔を２～３ｍとり目印を置く
3 一方がボールを持ちスタート
4 アンダートス、バックトスをしながらランニングする

ポイント

生卵を扱うように!

ボールは生卵を扱うようにやさしく。しっかりと握るとトスしにくいので、手から滑らせるように。二遊間の選手はトス、バックトスが実戦で必要になるので、こうしたドリルでしっかり感覚を養おう

Menu 059 後方打球処理

ココを強化
●落下点に入って捕球

▼ やり方

捕球役が目を切ってスタートしたら、山なりのボールを投げる。捕球役は途中でボールの行方を確認、落下点に入り捕球する

ポイント

前後に「振る」とより実戦的に

配球役は9mを目安に、１回ごとに前後にボールを投げ分けるとより実戦的になる。目線を切ってスタートする捕球役は最初はボールが見えていないので、順番を待っている人が落下点は前なのか、後ろなのか声をかけて教える

Menu 060 見失った打球の処理

ココを強化
●目測を誤ったときの捕球

▼ やり方

捕球役は頭を地面に向け3～5回まわる。回り終えたら、頭上に投げられたボールの落下点に入り、キャッチ

ポイント

キャッチを最優先

目測を誤ったときの対策。回転により平衡感覚を失い、捕球するのはなかなか難しい。この練習では捕球姿勢は崩れてもキャッチをすることを最優先して行う

Menu 061 イタリアンノック（アメリカンノックの前後版）

ココを強化
- 前後のフライ処理
- 脚力･持久力

▼ やり方

1. 20ｍ程度の間隔をあけコーンなどの目印を立てる
2. ノッカーは前方の目印に向けてフライを上げる
3. 捕球役は後方の目印からスタートし、前方へのフライを追う
4. 捕球役が捕球したら、ノッカーは後方の目印に向けてフライを上げる
5. 捕球役は前方の捕球位置からスタートし、後方へのフライを追う
6. 前後に３往復したら交代

ポイント

前と後ろの打球に対してより強くなる

前後の打球を連続して処理することで前と後ろの打球に対してより強くなることができる

Extra

スキルアップと体力づくりを同時に

後方や前方へ走りながらフライを追うため、前や後ろに走りながら捕球する技術が身につくほか、往復を繰り返すことにより脚力や持久力の強化にもつながる。投手、捕手にも有効なドリルである。

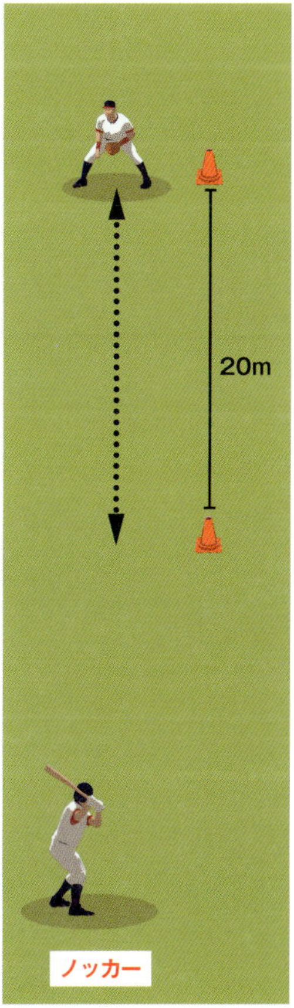

Menu **062** グラブボール拾い

ココを強化
●グラブさばき

▼ やり方

10 個程度のボールをばら撒き、利き手は使わず、グラブのみで拾い上げる。ボールを上から軽く叩いて浮いたところをキャッチする

ワンポイントアドバイス

手首を使って拾い上げる

目線はボールを拾うグラブに。手首をきかせてボールの上を叩いて浮かせて拾い上げる。手首がしっかりきいていないとボールを浮かすことはできない。

Menu 063 真上投げ

ココを強化
●コントロール

▼ やり方

グラブをはめ、ボールを持って、仰向けになる。顔の真上に向けてボールを投げ、落ちてきたところを捕球する

ポイント

真下にボールが落ちてくるように投げる

リリースのポイントがずれていたり、回転が悪いと、ボールをコントロールできず、真上に上がらなかったり、真下に落ちてこなかったりする

Menu 064 コントロール矯正スロー

ココを強化
- リリースポイント
- コントロール

▼やり方

ベースを 20 m間隔で置き、一方のベースの後ろにバッティングネットを置く。バッティングネットの左右の幅に合わせて、横向きにしたバッティングネットを前後にずらして置く。利き足でベースに触れながら、正面のバッティングネットにボールを投げる

ワンポイントアドバイス

リリースポイントをつかもう

ボールをリリースするタイミングがずれると、左右に置いたバッティングネットにぶつかってしまう。左右のネットに当てずに投げようと意識すると、リリースポイントが安定しやすくなる。正面のネットにボールが正確にコントロールできるリリースポイントを見つけよう。

Menu **065** # ペッパー逆シングル

ココを強化
●逆シングルの捕球

▼やり方

２人一組になり10ｍ程度の間隔をあけ、野手が緩いボールを投げ、打者が正面をねらってコントロールし打ち返す。野手は正面（または逆側）にきた打球を逆シングルで捕球する（打球がフォアのときは、フォアで捕球して構わない）

ポイント　逆シングルに慣れる

正面にきた打球をあえて逆シングルで捕球することで、逆シングルでのグラブの扱い方に慣れる。普段のペッパーの捕球時に取り入れる

Level UP!

ボールの扱いを早くするには?

左足を上げながら打球を処理し、捕球と同時にボールを右手に移しかえると、ボールの扱いが速くなる。ランニングスローの練習にもなる。

Menu 066 回転キャッチ

ココを強化
●目測を誤ったときの捕球

▼やり方

下手から頭上にボールを放る。前転しボールの落下点に入り捕球する

ポイント

安定姿勢をとり落下点へ

前転から起き上がったら、まず安定姿勢をとり、落下点に入る。これは実戦で目測を誤ったときの練習。回転したあとに素早く落下点に入れるようにしよう

Menu 067 切り返しステップ

ココを強化
- 持久力
- 捕球姿勢

▼ やり方

３人一組になり、投手のセットポジションの形から、ステップして正面で捕球する形をつくり、ステップしてセットポジションの形に戻る。「1・2・3」と声をかけながら１分間繰り返す

ポイント 捕球姿勢を意識するのは10秒でいい。持久力を高める

ステップのコツをつかみ、正しい捕球姿勢を身につけるように同じ動作を繰り返す。ただ1分間続けるのはかなりキツいはずで、主目的は体力、持久力の強化。最初の10秒は捕球姿勢を意識し、残りの50秒はトレーニングのつもりで行おう。冬場の練習にオススメ

Menu 068 素手キャッチ

ココを強化
- 捕球感覚
- 下半身
- グラブトス

▼ やり方

2人一組になり2～3m間隔をあける。捕球役はグラブをはめず、足を90度に開き、腰を落とし低い姿勢をとる。正面に投げられた緩いグラウンダーを素手で捕り、捕球した手でトスを返球する

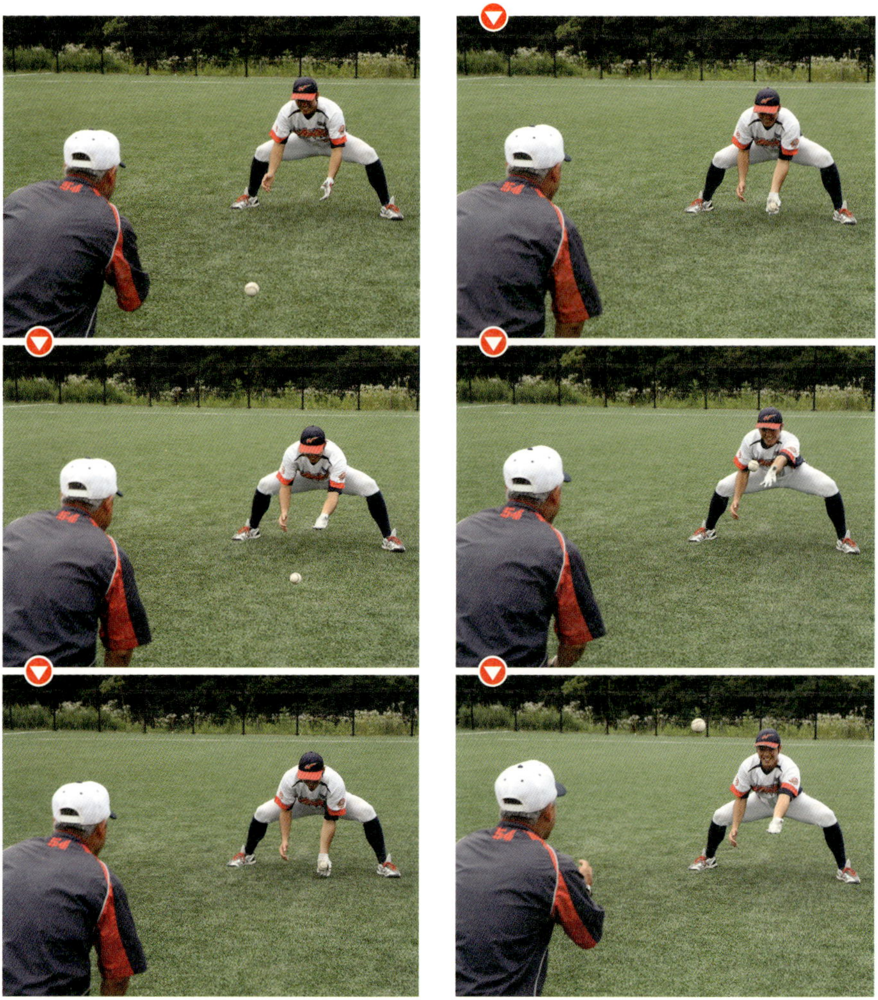

ポイント ボールを扱う感覚をつかむ

グラブをせずに捕球、返球することでボールを扱う感覚をつかむ。ヒジのクッションを使ってボールを捕る感覚や、グラブトスでの手首の使い方なども覚えよう。本数をこなすことで太ももや股関節が鍛えられ、下半身の強化にもなる

Menu 069 後ろ向きノック

ココを強化
- 打球への反応
- 球際

▼ やり方

捕球役は後ろを向いて構える。ノッカーは捕球役が前を向いた瞬間にノックを打つ

ポイント 回転は左右両方行う

打球への反応を強化するのが目的。球際の強さを磨く。前への向き直りは、右回転、左回転を両方行う。ノッカーは緩い打球で良いので、正面だけでなく、適度に左右にもノックを打ち分けると球際での強さがより磨かれる

Column

遠投は最低 75m 以上。甲子園での試合を想定して練習しよう

校庭のグラウンドをほかの部活動と共用で使っているという高校は少なくないでしょう。甲子園球場は両翼 95m、センター 118m ありますが、それだけの広さを確保して、実戦や練習を繰り返している高校はあまりないはずです。

となれば 120m 近い深さからの中継プレーは県大会予選がぶっつけ本番ということになります。広い球場で試合をすることが決まってから慌ててカットマンを 2 人入れる練習をするチームもあるようですが、取ってつけたような練習はミスのもと。最終目標は甲子園球場なのですから、最低でも 75m は投げられるように、少なくとも 60m の距離はしっかりコントロールできるよう練習をしておきましょう。

また野球場での試合は、校庭での試合とは「景色」が違います。夏場のスタンドは白い服を着ている観客が多く、打球を見失いやすくなります。野球場での試合ではなるべく視線を低くして普段の「景色」に近づけ、打者が打った瞬間にスタートを切ることができるよう、より集中しましょう。

第6章

走塁練習

スキのない走塁は試合で勝つためにも不可欠。
ここでは試合で役に立つ
走塁練習法を紹介していきます。

一塁への走塁

ねらい

シチュエーションに応じた一塁への走塁を身につける

難易度	★★☆☆☆
回数	5本

得られる効果

- ▶ 全般的テクニック
- ▶ 専門的テクニック
- ▶ グラブワーク
- ▶ ステップワーク
- ▶ スローイング
- ▶ フィジカル
- ▶ チームワーク

Menu 070 一塁ベース駆け抜け

なぜ必要？

一塁への走塁は場面や打球で変わる！シチュエーションに応じた走塁を身につけておこう

打者走者の一塁への走塁は駆け抜けとオーバーランに分けられる。またアウトカウントや走者、自分の打った打球によって走り方は変わってくる。一回、一回、シチュエーションを想定し、場面や打球に応じた、走塁を身につけるようにする。

ワンポイントアドバイス

打球の方向を想定して走る

アウトカウントや走者、打球の方向などを想定して走る。実際に試合であった場面を想定するとイメージしやすい。

▼やり方

打席でバットを構えたら、一塁へ駆け込むシチュエーション（内野へのゴロなど）を想定しスイング。想定した打球の方向を確認しながら一塁へ走る。ヘッドスライディングをする場合もあるが極力避ける

ポイント　スピードダウンしない

コンマ１秒の差がセーフ、アウトの分かれ目になることもある。ベースの先３ｍくらいを目標にスピードを緩めずに駆け抜けよう。ヘッドスライディングより駆け抜けのほうが速いことを知っておこう

Menu 071 一塁ベースオーバーラン

▼ やり方

打席でバットを構えたら、オーバーランするシチュエーション（外野への打球など）を想定しスイング。想定した打球の方向を確認しながら一塁へと走る。ベースを踏んだら二塁方向へオーバーランして、一塁へと戻る

ポイント 最後まで実戦と同じように!

試合同様のベースランニングを繰り返すことで、実戦的な走塁は身につく。オーバーランから一塁ベースへ戻る際は、外野から内野へボールが返球されることをイメージし、目を切らず後ろ足で帰るようにしよう

ワンポイントアドバイス

どこを踏む?　どちらで踏む?

▲駆け抜けるときは早くベースに触れるために右手前を踏む

▲オーバーランはベースの角を踏む

ベースのどこを、左右どちらの足で踏むべきか。一般的に駆け込みの際はベースの右手前を歩幅のあったほうの足で踏み、オーバーランはベースの角を左足で踏むと体が内側へ傾いて、二塁方向へスムーズに体が入ると言われる。しかしベースを踏む位置や、足にこだわり、歩幅を合わせスピードが落ちては本末転倒だ。シチュエーションごとにどこを、どちらの足で踏めば、正確に素早くベースを踏めるのか練習で確認しておこう。

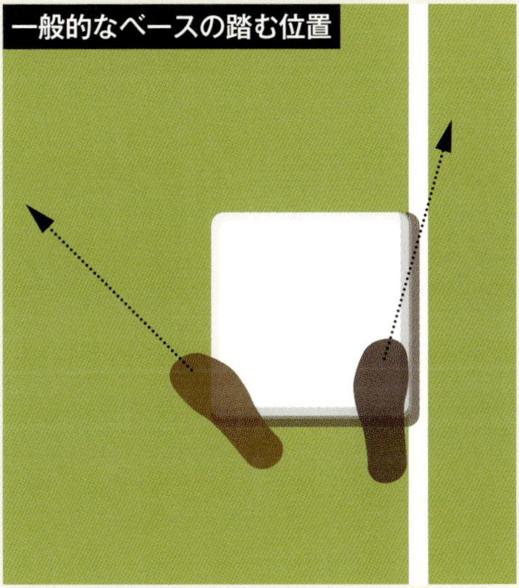

ベースの角を歩幅の合う足で踏む

一塁走者

ねらい

けん制で刺されない自分のリード幅を把握する

Menu 072 リードからの帰塁

難易度	★★★★☆
回数	5本

得られる効果

- 全般的テクニック
- **専門的テクニック**
- グラブワーク
- ステップワーク
- スローイング
- フィジカル
- チームワーク

▼やり方

実戦と同様に一塁ベースから、少しずつリードをとる。けん制のタイミングで一塁ベースへ頭からバック。けん制のタイミングはマウンド上に投手をおき偽投するか、手を叩いて合図する

▲けん制のタイミングでバック

▲ベース方向を向く

▲両足は揃える

▲ベースから手を離さず、後ろから回って起き上がる

なぜ必要？

自分のリード幅を把握しておく

リードをどこまでとるかは相手投手との駆け引きになる。どこまでならば立ったまま戻れるのか、どこから頭から戻るのか。相手にストレスを与え、自分がストレスを感じないリード幅を練習で把握しておこう。

ここに注意！

帰塁するときにベースへ飛び込むだけにしない

リードからの帰塁は、ベース方向に体を向けて滑り込むこと。大きくリードをとっていると、頭から飛び込むだけではベースに届かないことがある

ワンポイントアドバイス

リード幅を計ろう

リードの大きさは手を伸ばして、勢いをつけてベースに滑り込めば、戻れるくらいが目安。自分のリード幅を知ることが走塁（攻撃）に役立つ。自分のリードは大きいのか、小さいのか計ってみよう。

一塁走塁

ねらい

タイミングよくスタートを切る

Menu 073 シャッフルからのGO or BACK

難易度	★★☆☆☆（2.5）
時間	常に行う

得られる効果

- 全般的テクニック
- **専門的テクニック**
- グラブワーク
- **ステップワーク**
- スローイング
- フィジカル
- チームワーク

▼ やり方

リードした状態からシャッフル（スタートしやすいように弾む）。打者が打ったらスタート、見逃したら帰塁する。バッティング練習やシートバッティングの際に併せて行う

打者が打ったとき

ポイント 右足接地でスタート

動作を止めると右足がロックされてしまうので、リズムよくシャッフルし打者が打つ瞬間、右足を接地しスタートを切る

？ なぜ必要？

タイミングの良いスタートで一つでも先の塁をねらう

走者は投手が投球動作に入ったら、シャッフルし第2リードをとる。打者が投球を打ち返す瞬間と、スタートのタイミングがうまく合えば、より先の塁に進塁する可能性が高まる。打者が投球を見逃した場合は素早く帰塁しなければいけないので、バックするタイミングも併せて覚えておこう。

✕ ここに注意！

- 投手のトップの地点でシャッフルを開始する
- 顔の位置を上下させすぎて目ブレしないように
- 着地を打つ瞬間に合わせる
- 一球一球シャッフルを変えることも必要

ポイント シャッフルの幅は1～2m 程度が目安

シャッフルの幅はタイミングさえ合えば大きくても小さくても良い。ただし大きくとりすぎると帰塁が難しくなるので１～２m程度が目安になる

盗塁のスライディング

ねらい

スピードを落とさず ベースの直前で滑り込む

Menu 074 盗塁でのスライディング練習

難易度 ★★★★☆

回数 5本

得られる効果
- 全般的テクニック
- **専門的テクニック**
- グラブワーク
- ステップワーク
- スローイング
- フィジカル
- チームワーク

なぜ必要?

スライディングが盗塁の成否を左右する

二塁への盗塁は一・三塁を除き捕手からの送球があり、スライディングでのベースタッチは必須の技術となる。スピードを落とさず少しでも速くベースタッチできるスライディングのタイミングを練習でつかんでおこう。

ここに注意!

できる限りベース直前で滑り込む

あまりベースの手前から滑り込むとベースへの到達はむしろ遅くなってしまう。ギリギリまで足でスピードを稼いでベースの直前で滑り込もう。

Extra

スライディング練習前の準備

グラウンドが硬いとスライディングの勢いがつかず、うまく滑れずにケガをしてしまうことがある。スライディングの練習をするときは事前にグラウンドを軟らかくしておくのを忘れずに。

▼ やり方

一塁ベースからリードをとり、スタート。スピードを緩めずに二塁ベース手前で滑り込む。右足、左足どちらで滑り込むかはタイミングによって各自が判断。スタンドアップスライディング（写真）のほか、ストレートスライディング（P 167 参照）を行っても良い

右足

▲右足で滑り込んだ場合、内野側を向いて立ち上がる

左足

▲左足で滑り込んだ場合、外野側を向いて立ち上がる

〈盗塁は3S〉
①スタート　②スピード　③スライディング

Level UP!

滑ってから伸ばす

スライディングは「足を伸ばして、滑る」のではなく、「滑ってから、足を伸ばす」。スピードに乗った勢いで足が伸びていくイメージを持とう。また、伸ばした足先がベースに触れると同時に、折り畳んだ足で体を支えて起こし塁上で立ち上がるのがスタンドアップスライディングのコツ。

ねらい

一塁から一気に三塁を陥れる

Menu 075 一塁から三塁へのベースランニング

難易度	★★★★☆
回数	3本

得られる効果
- ▶ 全般的テクニック
- ▶ 専門的テクニック
- ▶ グラブワーク
- ▶ ステップワーク
- ▶ スローイング
- ▶ フィジカル
- ▶ チームワーク

▼ やり方

走者は一塁からリードをとってスタート。二塁を回り、三塁ベースにスライディングする。ケースノックで実際に野手をつけて行っても良い

ポイント

大きくふくらまない

二塁ベースを回る際は、大きくふくらまないこと。直角に体を切り返すイメージで回ると最短距離で走れる

なぜ必要？

一塁から
一気に三進
得点機会を高める

一塁走者が外野への単打で一気に三塁を陥れることができれば、得点の可能性は大きく高まる。最短のコースどりで、スピードを落とすことなく二塁を回れるかどうかが成功のカギとなる。

ワンポイントアドバイス

自己判断で
三塁へ滑り込む

このケースではセンターから右方向への打球が想定され、走者は背後からくる送球を見ることができない。二塁ベースを回るときの遊撃手の位置取りで、おおよその打球方向や距離を推定し、捕球準備をする三塁手の姿勢（右寄り、左寄りなど）も考え合わせて、どう滑り込むかを判断しよう。

ポイント

ランナーコーチを
つける

三塁への走塁は基本的に自己判断になるが、ランナーコーチをつけての指示に従った走塁の練習も併せてしておこう

Extra

三塁スライディングの種類

ストレートスライディング

◀ベース直前で滑り込み、足を伸ばす。ベースには足の裏全体で触れる

カカトだけで
ベースに触れる

◀カカトだけでベースに触れると上体が浮き、野手との接触で弾かれる危険がある

フックスライディング（右足タッチ）

フックスライディング（左足タッチ）

◀送球を受ける野手をかいくぐるスライディング。三塁手の動きに対応し、タッチする足を使い分ける。足の甲からスネにかけて触塁するが、ベースとの接触面が少なく接触プレーの際に弾かれやすいので注意する

三塁ベースの回り方

ねらい

スピードを緩めずに三塁ベースを回る

Menu 076 二塁から本塁へのベースランニング

難易度	★★★☆☆
回数	5本

得られる効果
- ▶ 全般的テクニック
- ▶ **専門的テクニック**
- ▶ グラブワーク
- ▶ ステップワーク
- ▶ スローイング
- ▶ フィジカル
- ▶ チームワーク

▼ やり方

走者は二塁からリードをとってスタート。三塁ベースを踏んで本塁まで駆け抜ける

▲スピードを落とさず、右足の外側でベースの面に触れる

ポイント もっとも距離を短く回る

この方法がもっとも距離を短く回る方法。歩幅が合わず、ベースを空過する可能性も高くなるので要注意

なぜ必要？

得点への最後の関門 スピードを落とさず 駆け抜ける

三塁ベースの通過は、得点への最後の関門となる。どの塁を回る際にも共通することだが、ふくらみをできるだけ小さく、スピードを落とさずに、確実に触塁することが求められる。

ワンポイントアドバイス

状況に応じた使い分けを！

三塁を通過するシチュエーションはさまざま。少しでも早く本塁へ到達したいときと、余裕を持ってベースを回れるときでは、ベースの回り方にも違いが出てくる。４種類の回り方を紹介するが、シチュエーションに応じて使い分けられるように、スピードや走りやすさ、ベースへの接触のしやすさなど一通り練習して頭に入れておこう。

ポイント　角を踏んで加速

ベースの角を踏んで加速してホームへ

右足でベースの上を踏む

ポイント **確実にベースを踏みたいときに**

ベースの上を踏む回り方、中央部分を通過するのでふくらみが大きくなる。確実にベースを踏みたいときに使おう

左足でベースの角を踏む

ポイント **体を傾けて回る**

ベースの角に左足でタッチするように通過すると、左肩が下がり体が内側に傾くので回りやすい

ここに注意!

左足でベースの上を踏む

軸足とは逆の左足でベース上を踏むと踏ん張りきれず、うまく切り返せないので、大きくふくらむ原因になる。左足でベースを踏むときは必ず角を踏むようにしよう。

NG

Extra

ベースを踏む位置

» 1、右足でベースの面に触れる

» 2、右足でベースの角を踏む

» 3、右足でベースの上を踏む

» 4、左足でベースの角を踏む

ホームへのスライディング

ねらい
ホームクロスプレー スライディングの使い分け

難易度	★★½☆☆
回数	5本

得られる効果
- ▶ 全般的テクニック
- ▶ 専門的テクニック
- ▶ グラブワーク
- ▶ ステップワーク
- ▶ スローイング
- ▶ フィジカル
- ▶ チームワーク

Menu 077 ホームへのスライディング

▼ やり方

走者は三塁からリードをとり、スタート。ネクストバッター役がホーム前で滑り込む方向を指示する。走者は指示に従い、適したスライディングをする

右方向へのスライディング（左手でベースタッチ）

◀ベース右側へ滑り込む

◀捕手を避けるように左手でベースタッチ

右方向へのスライディング（右手でベースタッチ）

◀ベース右側にふくらむ

◀体を半回転させ、右手でベースタッチ

なぜ必要？

捕手のタッチをかいくぐり得点につなげる

ホームでのクロスプレーは捕手のブロックを避け、タッチをかいくぐる必要がある。試合では捕手の体勢や、位置どりに応じて、臨機応変にスライディングを使い分けよう。

ワンポイントアドバイス

スライディングの種類は主に３つ

ホームベースへの３種類のスライディングを紹介する。返球を待つ捕手はベース左側には立てないので、右側へ滑り込み、左手でタッチするのがもっともポピュラー。あと2つのスライディングは、返球を受け、ボールを持った捕手からタッチをかいくぐるときに使える。

左方向へのスライディング

◀ベース左側へ滑り込む

◀捕手を避けるよう体は左側へ、ベースは右足でタッチ

ポイント

ネクストバッターが指示を出す

ネクストバッターは捕手の体勢や、いる位置を見て、左右どちらに滑るのか指示を出す。練習でも具体的な場面を想定して指示を出すようにしよう

ここに注意！

カカトを立てない！

バッターボックスは土が軟らかくなり、えぐれているので、カカトを立ててスライディングすると危ない。どのスライディングでもつま先を寝かせて滑り込もう。

CONCLUSION

おわりに

守備・走塁練習は基本動作の反復が多く、打撃練習より楽しくなく、退屈に感じられるかもしれません。とくに守備は打球を処理して当然、正確に送球して当然。達成感を感じにくいかもしれません。

しかしそれこそが守備のやりがいでもあります。打撃は３割打てば大成功ですが、守備は限りなく10割の成功を目指すことができるからです。強いチームほど守備練習がしっかりとできているものです。面白くないからといってやらなければ、いつまでたっても上達することはありません。地味だけれどコツコツと練習を積み重ねていれば、確実にうまくなるのもまた守備・走塁の魅力でもあります。

守備率10割を目指すには、正しいキャッチボールが出発点になります。相手が捕りやすいボールを投げ、相手が投げやすいようにグラブを構える。実際に捕りやすい球を投げ、投げやすいように構えるのは簡単ではありませんが、やろうと思うことは誰にでもできます。守備・走塁練習のほとんどは一人ではできません。そもそも野球にはチームメイトが必要です。仲間を思いやる気持ちがチームプレーへとつながっていきます。

私は高校時代ごく普通の公立校でプレーをしていましたが、県内の強豪チームと対等に戦えることを目標としました。惜敗しましたが優越感がありました。練習環境を創意工夫でカバーし、仲間たちと練習に励んだ経験は、その後、野球をプレーする上で活かされ、指導者となった今も大きな財産となっています。高い目標を持つことで、意欲が高まり、能力のアップにもつながっていきます。グラブとボールを持てば、誰もが同じ高校生（中学生）。自分の能力に限界を設けずに、自信を湧かせて高い目標を掲げてください。本書がその夢に向かうためのヒントになれば幸いです。

永和商事ウイングコーチ

西 正文

西 正文 にし・まさふみ

1960年11月25日生まれ。尼崎小田高等学校から大阪ガスへ。88年のソウル五輪に遊撃手として出場。銀メダル獲得に貢献した。92年のバルセロナ五輪でも代表に選ばれ、唯一の２大会連続出場を果たす。本大会では６試合に出場して打率.526を記録するなど活躍し、銅メダルを獲得した。93年に現役を引退し、大阪ガスのコーチに就任。2004年に大阪ガスを退社すると、07年に開催されたAAAアジア野球選手権大会では日本代表の監督を務めた。現在は12年に創設された永和商事ウイングのコーチを務め、チームを創部３年目で都市対抗に導き、15年も２年連続出場を果たした。

協力チーム 永和商事ウイング（三重県四日市市）

「野球を通じて地域の活性化に貢献したい」という考えから、2011年11月に創部。監督には都市対抗野球で優勝経験がある高橋博昭氏、コーチには五輪２大会出場の西正文氏が就任。創部３年目の14年に都市対抗に初出場。15年も２年連続で都市対抗出場を果たした。

デザイン／有限会社ライトハウス
黄川田洋志、井上菜奈美、田中ひさえ、
今泉明香、藤本麻衣、新開宙
写　真／毛受亮介
編　集／石川哲也、佐久間一彦（ライトハウス）

差《さ》がつく練習法《れんしゅうほう》
野球《やきゅう》　試合《しあい》で活《い》きる 守備《しゅび》・走塁《そうるい》ドリル

2015年9月15日　第1版第1刷発行

著　者／西《にし》　正文《まさふみ》

発 行 人／池田哲雄
発 行 所／株式会社ベースボール・マガジン社
〒101-8381
東京都千代田区三崎町3-10-10
電話　03-3238-0181（販売部）
025-780-1238（出版部）
振替口座　00180-6-46620
http://www.sportsclick.jp/
印刷・製本／広研印刷株式会社

ISBN978-4-583-10839-1　C2075